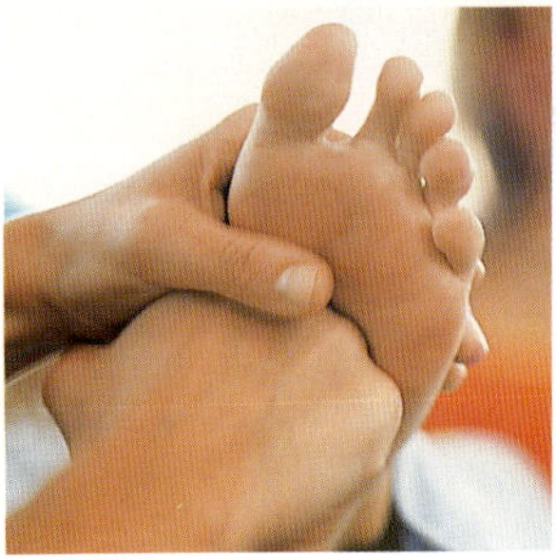

D1924699

Reflexzonenmassage und Akupressur

BELLAVISTA

Reflexzonenmassage und Akupressur

Janet Wright

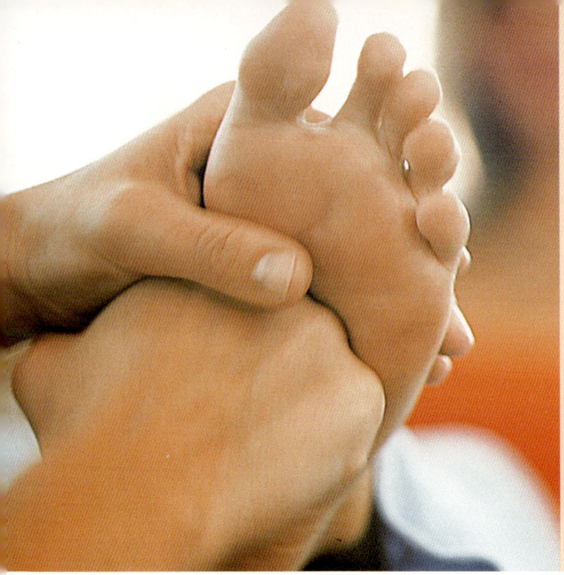

Originalausgabe © 2004 Octopus Publishing Group Ltd
Hamlyn Octopus, ein Imprint der Octopus Publishing Group Ltd
2-4 Heron Quays, Docklands, London E14 4JP

Originaltitel: Reflexology and acupressure. Pressure points for healing

Text: Janet Wright
Übersetzung: Susanne von Somm (für rheinConcept)
Lektorat: Claudia Dziallas
Herstellung: Ursula Schümer
Umschlaggestaltung: Christian Gaiduk, Köln
Bildnachweis Umschlag: CORBIS
Redaktion und Satz: rheinConcept
Druck und Bindung: Toppan Ltd.

Printed in China
ISBN: 3-8336-0281-3
www.bellavista-verlag.de

HINWEIS
Das vorliegende Buch ist sorgfältig erarbeitet worden. Dennoch erfolgen alle Angaben ohne Gewähr. Autoren und Verlag bzw. dessen Beauftragte können für eventuelle Personen-, Sach- oder Vermögensschäden keine Haftung übernehmen.

Inhalt

Einführung

Vor hundert Jahren konnte sich kein Mensch die dramatischen Fortschritte der modernen Medizin in den letzten Jahrzehnten vorstellen. Die medizinische Forschung hat Mittel gegen die Beulenpest gefunden und die Welt vom Pockenerreger – einst ein echter Killer – befreit. Zumindest im Westen ist der Tod von Neugeborenen selten und kommt einer unerwarteten Tragödie gleich. Dennoch war das Interesse an komplementären Therapien noch nie so groß wie am Übergang vom 20. zum 21. Jahrhundert. Warum wenden sich so viele Menschen von ihr ab, wenn die klassische Schulmedizin doch angeblich die Lösung für jedes Gesundheitsproblem bereithält?

Eine Antwort ist, dass mit nahezu jedem medizinischen Durchbruch auch neue Arten von Bedrohungen auftauchen. Manche gehen sogar von lebensrettenden Medikamenten aus, denn Nebenwirkungen von Medikamenten sind eine häufige Todesursache. Werden Antibiotika, die die schlimmsten Krankheiten in unserer Geschichte bezwungen haben, bereits bei jeder harmlosen Infektion eingesetzt, können sich leicht resistente Bakterienstämme entwickeln. Etliche Krankenhauspatienten haben in der Folge von Fehlbehandlungen gesundheitliche Probleme.

Andere Bedrohungen für unsere Gesundheit sind indirekt: Alltagsstress, Luftverschmutzung, industriell produzierte Nahrungsmittel von geringer Qualität, gefährliche Anbaumethoden und andere Faktoren, die unsere Umwelt schädigen. Dafür ist die Schulmedizin natürlich nicht verantwortlich, und sie kann auch nicht alle dadurch entstehenden gesundheitlichen Beeinträchtigungen stets heilen.

Andererseits sind aber tödliche Krankheiten zurückgekehrt, die so gut wie ausgerottet waren. Dazu gehört die Tuberkulose, die durch wirksame Medikamente einmal nahezu verschwunden war und heute durch AIDS und zunehmende Armut ein erschreckendes Comeback erlebt.

DAS SKELETT

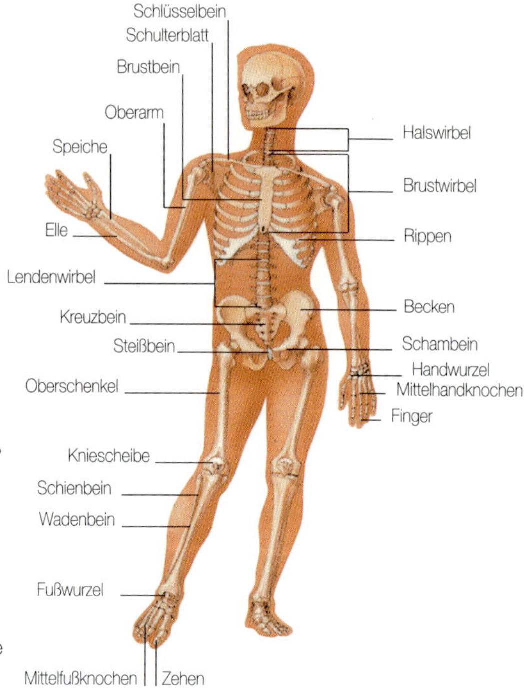

Kein Wunder also, dass sich viele Menschen heute ausgeliefert fühlen. Sie suchen deshalb nach Alternativen, um den Einfluss auf ihr Leben und ihre Gesundheit zurückzugewinnen, und stoßen häufig auf Praktiken, die in der Vergangenheit als alternative Therapien bezeichnet wurden. Viele davon zeigen einen Weg zur Selbsthilfe auf und geben den Menschen so das gute Gefühl, ihr Schicksal in gewisser Weise in die eigenen Hände nehmen zu können. Heute ist der sprachliche Umgang jedoch ein anderer. Da die Bezeichnung „alternative Heilverfahren“ nahelegt, dass die Schulmedizin durch etwas anderes ersetzt wird, ziehen immer mehr Menschen den Begriff „Komplementärtherapie" vor, weil er verdeutlicht, dass eine Ergänzung und Erweiterung der klassischen

DAS ENDOKRINE SYSTEM

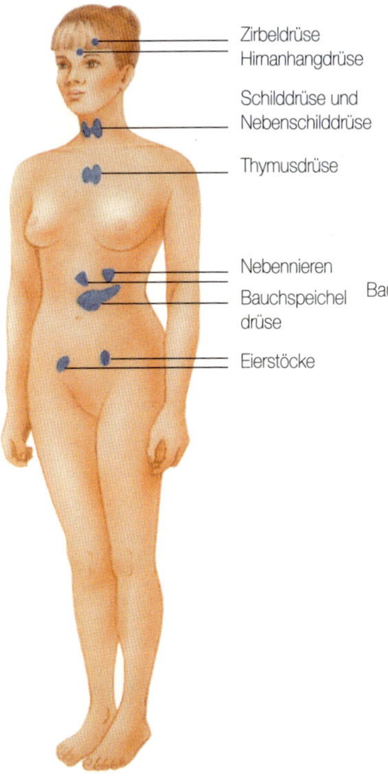

DIE WICHTIGSTEN ORGANE

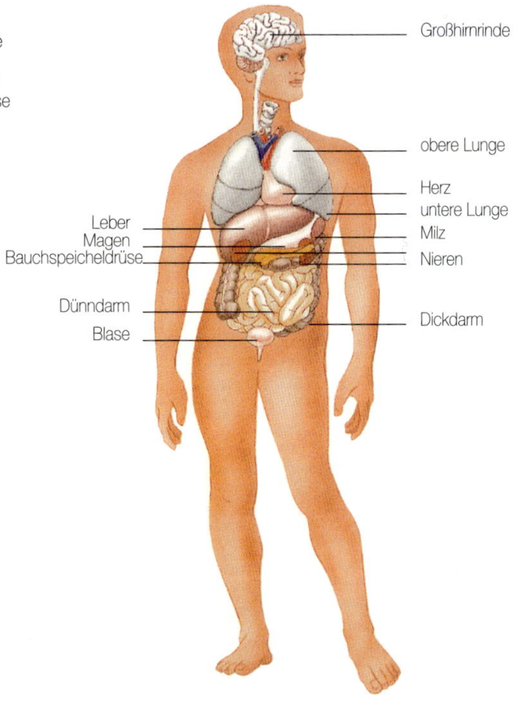

Schulmedizin gemeint ist. Außerdem wird klar, dass diese Verfahren auch unsere körperlichen Ressourcen ergänzen und eine zusätzliche Hilfe darstellen, die unser Körper zu einer bestimmten Zeit vielleicht braucht.

Wir sind heute also in der glücklichen Lage, selbst entscheiden zu können, wie natürlich wir unsere Leiden behandeln wollen. Wir können z.B. Antibiotika nehmen, um eine gefährliche und hartnäckige Infektion zu behandeln, aber andererseits bei harmlosen Halsschmerzen homöopathische Heilmittel bevorzugen. Gebrochene Knochen müssen chirurgisch behandelt werden, aber mit Rückenschmerzen gehen wir vielleicht lieber zu einem Physiotherapeuten, einem Chiropraktiker oder einem Osteopathen.

oben Die Abbildung soll das Verständnis der im Buch beschriebenen anatomischen Zusammenhänge erleichtern.

Immer mehr Menschen probieren sanfte Methoden der Selbstbehandlung aus, um leichte Krankheiten zu heilen oder durch chronische Erkrankungen verursachte Beschwerden zu lindern. Wenn die Schulmedizin nicht mehr weiter weiß, entdecken viele Menschen Methoden wie die Reflexzonentherapie oder die Akupressur.

Reflexzonentherapie und Akupressur sind ganz besonders für Menschen interessant, die eine Selbstbehandlungstechnik kennen lernen wollen. Sie sind praktisch, meist leicht verständlich und deshalb jederzeit im Alltag anzuwenden. Beiden gemeinsam ist, dass sie die Energiezentren des Körpers positiv beeinflussen. Deren Existenz ist heute bei westlichen Wissenschaftlern nach wie vor umstritten, obwohl sie wesentlicher Bestandteil vieler medizinischer Traditionen weltweit sind. Da der Glanz vieler Wundermittel heute durch die lange Liste ihrer oft schlimmen Nebenwirkungen und Gegenanzeigen sehr beeinträchtigt ist, werden die wirksamen Alternativbehandlungen für die Menschen jedoch immer wichtiger. Viele wenden sich auf der Suche nach Heilung und Gesundheit weniger gefährlichen und viel sanfteren Heilverfahren zu, die sich im kulturellen Kontext des Fernen Ostens oder in ähnlichen Traditionen entwickelt haben.

Kapitel eins

Grundlagen

Den ganzen Menschen heilen

Die Schulmedizin sucht nach einem Eindringling (Bakterium, Virus, Parasit) oder einer körperlichen Erkrankung (wie Krebs oder Arterienverkalkung), um diesen „Feind“ mit schlagkräftigen Waffen zu bekämpfen. Dabei werden einzelne Teile des Körpers isoliert behandelt. Obwohl die westlichen Ärzte heute den schädlichen Einfluss des Rauchens oder allzu fetthaltiger Ernährung anerkennen, gehen sie normalerweise davon aus, dass Krankheiten durch eine zufällige Infektion ausgelöst werden. Und oft bekämpfen sie die Eindringlinge mit ihrer offensiven Strategie sogar sehr erfolgreich. Die Grundlage der Schulmedizin sind Kenntnisse über Anatomie und Physiologie und die Erforschung der Wirkung, die Medikamente und chirurgische Eingriffe auf die erkrankten Personen haben.

Die therapeutischen Ansätze der östlichen Medizin, aus der auch die Reflexzonenbehandlung hervorgegangen ist, sind weniger aggressiv. Sie gehen davon aus, dass Krankheiten durch eine Reihe von Faktoren ausgelöst werden, zu denen auch innere Probleme gehören können, die das natürliche Abwehrsystem der betroffenen Person schwächen. Folglich steht bei der Heilung die Stärkung des Körpers, die Rückkehr zum Wohlbefinden und die Verbesserung des Energieflusses insgesamt im Vordergrund.

Das bedeutet nicht etwa, dass die östlichen Behandlungsmethoden immer sanft sind. Eine Akupunktur kann wie ein kleiner Eingriff sein, die Kräuter der chinesischen Kräutermedizin können widerlich schmecken und östliche Massagetechniken sich brutal anfühlen. Dennoch zielt alles auf eine Stärkung und Heilung der ganzen Person, zu der neben der körperlichen Erscheinung auch spirituelle oder emotionale Aspekte gehören. Das bloße Erkennen und Bekämpfen von unerwünschten Symptomen ist nicht das Wesentliche.

Therapeuten, die die Reflexzonen oder nach den Regeln der chinesischen Medizin behandeln, bemühen sich neben der Lösung tiefer liegender Probleme um die Linderung der Symptome, damit sich die Patienten besser fühlen. Sie unterdrücken aber nicht primär die Symptome, sondern gehen davon aus, dass sich in diesem Fall das Hauptproblem dann anders zeigen und längerfristig immer schlimmere Symptome hervorbringen würde. Letztlich könnte das zu einer Schädigung des gesamten Systems führen. Natürlich würde auch kein Schulmediziner nur die äußerlichen Symptome einer Infektion behandeln, ohne diese durch Medikamente zu beseitigen. Dennoch weigerte sich die Schulmedizin lange anzuerkennen, dass subtilere Faktoren als Bakterien, Viren oder Parasiten Krankheiten verursachen können.

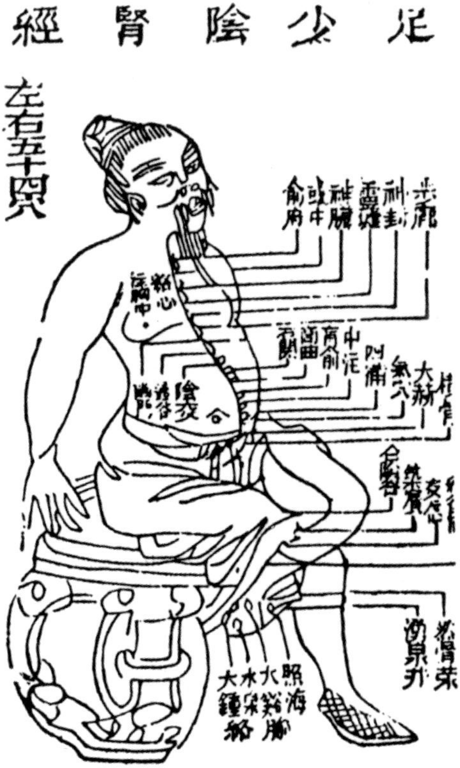

oben Das aus der östlichen Tradition stammende System der Meridiane, in denen chi durch den Körper zirkuliert, bildet die Grundlage der Akupressur. Hier die Akupressurpunkte auf dem Nierenmeridian.

Energiekanäle

Die östliche Medizin arbeitet mit den körpereigenen Kräften und mit der natürlichen Tendenz des Körpers, sich selbst zu heilen. Ihre Grundlage ist die Auffassung, dass der menschliche Körper mit Hilfe von „Lebensenergie“ funktioniert. Diese Energie, die in Indien prana, in China chi oder qi und in Japan ki genannt wird, gelangt über Kanäle, die Meridiane, in alle Teile des Körpers, ähnlich dem Blut, das in Venen und Arterien zum Herzen und wieder von ihm weg fließt. Durch das Massieren von Akupressurpunkten, das Stimulieren von Punkten durch Akupunkturnadeln oder das Verbrennen von Moxakräutern kann ein Therapeut den Energiefluss in den Meridianen beeinflussen. Wird der richtige Punkt behandelt, kann stockendes chi befreit, zu schnell fließendes chi verlangsamt oder chi in eine der energiearmen Regionen gelenkt werden.

Der wichtigste Unterschied zwischen der westlichen und der östlichen Medizinlehre lässt sich gut folgendermaßen beschreiben: Ein menschlicher Körper kann seziert, seine Gefäße freigelegt werden, die Meridiane jedoch sind auch unter dem Mikroskop nicht sichtbar, und vom chi kann keine Probe fürs Labor genommen werden. Wie Emotionen oder die Seele ist unsere Lebenskraft nicht für das Auge sichtbar.

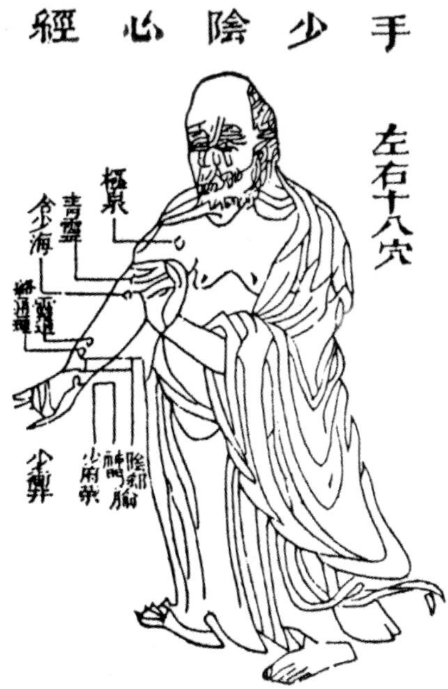

oben Diese alte chinesische Grafik zeigt die Akupunkte auf dem Herzmeridian.

Das mag phantastisch anmuten, aber in vielen Teilen der Welt wird seit Jahrtausenden mit vielen Varianten dieses Systems gearbeitet, und die Wissenschaftler, die Untersuchungen mit heute modernen Forschungsmethoden machen, finden Beweise dafür, dass es tatsächlich funktioniert.

Das chinesische System der Meridiane ist jedoch nicht die einzige Landkarte des Körpers, die von unserem westlichen Modell abweicht. Die Reflexzonentherapie unterteilt den menschlichen Körper in zehn vertikale Zonen, die am Scheitel beginnen und die sich bis zu den Fingerspitzen erstrecken,

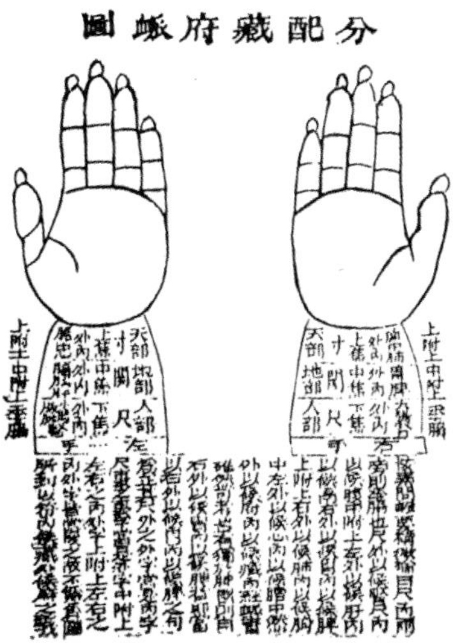

links Die Pulspunkte spielen in der traditionellen chinesischen Medizin eine zentrale Rolle für die Diagnostik.

oben Vietnamesische Einlegearbeit aus dem 19. Jahrhundert: Yin und Yang werden von kaiserlichen Drachen bewacht.

wobei die Hauptzonen in den Zehen enden. Jeder Körperteil wird von einem Reflexpunkt am Fuß oder an der Hand repräsentiert. Eine andere Art der Reflexzonentherapie geht von Reflexpunkten am Ohr aus, was kein Widerspruch ist, denn ursprünglich nahmen die Lehrer an, dass sich an ganz verschiedenen Körperteilen Reflexpunkte befinden. Sie konzentrierten sich jedoch auf die, die sie für die wirksamsten hielten. Wie auch die Akupunktur bemüht sich die Reflexzonentherapie, den Energiefluss im Körper zu harmonisieren und Blockaden, Energieverluste oder Stockungen zu beseitigen. Durch die Beseitigung von Ungleichgewichten soll der Selbstheilungsprozess des Körpers stimuliert und vor allem die Entstehung von Krankheit verhindert werden. Die Behandlung der Reflexzonen hat sich unter anderem bei stressbedingten Leiden wie Allergien, Asthma, Schlaflosigkeit, Depressionen, Angstzuständen und Migräne bewährt. Auch bei Beschwerden durch eine erhöhte Muskelspannung wie durch Rückenschmerzen und Fibrositis (Weichteilrheumatismus) oder bei weiblichen Leiden durch PMS, Schwangerschaft, Geburt oder Menopause konnte eine positive Wirkung beobachtet werden, ebenso eine Linderung der typischen Symptome beim Chronischen Müdigkeitssyndrom (CFS), bei Multipler Sklerose und sogar bei Krebs. Manche Reflextherapeuten arbeiten abgesehen von den Zonen auch mit den Meridianen. Sie gehen davon aus, dass die Reflextherapie auf die Anfangs- und Endpunkte der Meridiane in den Füßen wirkt. Denn obwohl die moderne Reflexzonentherapie von Menschen entwickelt wurde, die das chinesische System nicht kannten, gibt es erstaunliche Ähnlichkeiten. Der von Reflexzonentherapeuten Solarplexus genannte Punkt am Rande des Ballens in der Mitte des Fußes spielt bei der Behandlung von Stress und Energielosigkeit eine sehr wichtige Rolle. In der Akupressur wird er „sprudelnde Quelle" genannt und gilt als der erste Punkt auf dem Nierenmeridian, der die Energie beinhaltet, mit der wir geboren wurden. Er wird bei Kummer und Schwindel behandelt. In der indischen Tradition entspricht er dem für die Harmonie des ganzen Körpers zuständigen Erdchakra.

Im Gleichgewicht bleiben

Für einen chinesischen Mediziner ist auch das Gleichgewicht der verschiedenen Elemente wichtig und besonders das von Yin und Yang, den gegensätzlichen Kräften, die sich ergänzen. Yin und Yang werden manchmal als die weibliche und die männliche Energie beschrieben, aber jeder Mensch hat Anteile von beiden. Yin-Energie ist aufnehmend, ruhig, kühl, dunkel, nach innen gerichtet und sanft. Yang-Energie ist kraftvoll, aktiv, warm, hell, hart, nach außen gerichtet und so weiter. Zu viel Yin- oder Yang-Energie ist für beide Geschlechter ungesund. Vielmehr brauchen wir ein Gleichgewicht beider Kräfte, um gesundes chi zu haben und so Krankheiten zu verhindern.

In diesem Buch werden wir aber keine weiteren Details erörtern, auch wenn diese wichtig sind, um zu verstehen, wie zentral bei der Energiearbeit das Gleichgewicht ist. Krankheit entsteht immer durch ein Ungleichgewicht oder ein energetisches Problem in einer Körperregion – zu viel oder zu wenig Energie oder eine Blockade im Energiefluss.

Körper und Geist

Die Ärzte im Westen fangen jetzt erst an, sich mit dem Phänomen der Psychoneuroimmunologie (PNI) auseinander zu setzen. Damit ist die Wechselwirkung von Körper und Geist gemeint, die einen riesigen neuen Forschungsbereich darstellt und für uns Menschen des Westens eher rätselhaft scheint. Immerhin sind viele mit der Vorstellung aufgewachsen, dass unser Körper wie eine Maschine funktioniert, die ab und an repariert werden muss, aber ansonsten nur durch Unfälle oder den falschen Treibstoff beeinträchtigt wird. Aber tolerante Ärzte akzeptieren mittlerweile, dass es Fälle gibt, die nicht in diese Schablone passen.

Die Psychoneuroimmunologie zeigt deutlich, dass unsere Gefühle eine zentrale Rolle für unsere körperliche Gesundheit spielen. Für die Reflextherapeuten ist das nicht überraschend. Wie viele andere Praktiker komplementärer Heilverfahren waren sie sich der Rolle der Emotionen für die Heilung oder Schwächung des Körpers immer bewusst. Depressionen oder Ärger sind dabei die bekanntesten Faktoren, aber auch andersartige Gefühle können das Gleichgewicht stören. Manchmal geschieht dies ganz offensichtlich und schnell: Wie oft haben Sie schon über ein schier unlösbares Problem gegrübelt und schließlich mit bohrenden Kopfschmerzen dafür gebüßt? Und dass Ärger oder Wut beim Essen zu Verdauungsproblemen führt, überrascht uns ebenfalls nicht.

Kein Wunder, dass es Formulierungen wie „Das schlägt mir auf den Magen" oder „Das geht mir an die Nieren" gibt. Denn sie sind ganz buchstäblich gemeint. Und wer etwas „schweren Herzens" tut, fühlt diese Schwere meist in seiner Brust.

Die Wissenschaft erkennt heute zunehmend an, dass wir auch auf Einflüsse reagieren, die nicht in das mechanische Modell passen. Studien haben gezeigt, dass unsere tiefsten Gefühle oft hochdramatische Folgen haben. Einerseits kann Trauer das Risiko erhöhen, an Krebs zu erkranken. Im ersten Jahr nach einer Scheidung bekommen beispielsweise Frauen doppelt so oft Brustkrebs. Frustrationen behindern auch die Arbeit unserer Verdauungsorgane. Wut und Depression erhöhen sogar das Herzinfarktrisiko.

Andererseits haben Wissenschaftler herausgefunden, dass Lachen das Immunsystem stärkt und dass Menschen, die regelmäßig in die Kirche gehen, länger leben. Wenn Menschen eine lebensbedrohliche Krankheit haben, ist eines der besten Heilmittel die Heirat mit einem geliebten Partner. Kranke, die im Kreis der Familie oder bei guten Freunden geborgen sind, werden schneller gesund. Und das nicht etwa nur, weil sie gepflegt werden, denn professionelle Pflege hat niemals denselben positiven Effekt.

Die Reflexzonentherapie geht davon aus, dass die Behandlung an den Füßen oder Händen das System aus geistigen, emotionalen und körperlichen Aspekten insgesamt harmonisiert. Da sie sich in ihrer heutigen Form im 20. Jahrhundert entwickelt hat, berücksichtigt sie auch das Schreckgespenst der Moderne, den Stress.

Stress und Gesundheit

Für die meisten Menschen ist das Leben heute härter und unsicherer als noch vor 20 oder sogar 30 Jahren. Wer mit der Aussicht aufgewachsen ist, dass alles immer besser wird, für den sind das Verschwinden von Arbeitsplätzen, der Abbau von Gesundheitsleistungen, sinkende Gewinne und zerstörte Zukunftspläne ein Schock. Unsicherheit und das Gefühl der Machtlosigkeit sind die Hauptursachen für Stress, kein Wunder also, dass so viele Menschen heute darunter leiden.

Auch wenn die Beseitigung der Stressfaktoren das Ziel ist, können praktische Verfahren wie die Reflexzonenbehandlung oder die Akupressur zur Harmonisierung viel beitragen. Sie können gut Symptome lindern und die zur Problemlösung notwendige Kraft mobilisieren. Allein schon die Tatsache, dass Sie sich die Zeit nehmen, um Ihre Druckpunkte zu behandeln oder behandeln zu lassen, kann sehr beruhigend sein. Nach einer emotionalen Aufregung können Sie schon durch eine recht kurze Behandlung den Energiefluss im Körper wieder anregen.

Eine gute Reflexzonenbehandlung kann sehr entspannend sein und so den Muskeltonus im ganzen Körper senken. Auf diese Weise werden die Durchblutung und der Zellstoffwechsel verbessert. Die Behandlung spezieller Druckpunkte wirkt Stress entgegen und schützt das Immunsystem vor dessen schädlichen Auswirkungen. Die in der Reflexzonentherapie angewandten langen Ausstreichungen sind bei der Massage fast ebenso wichtig wie die Behandlung der Druckpunkte.

Chinesische Perspektive

Die Akupressur geht von einer äußerst engen Verbindung zwischen Gefühlen und körperlicher Krankheit aus. Die traditionelle chinesische Medizin ordnet jedem Gefühl ein Organ zu. Dessen Funktion, aber auch die des jeweils zugehörigen Meridians können durch das Gefühl beeinflusst werden. Angst beispielsweise wirkt auf die Nieren und den Nierenmeridian. Zum Gefühl der Angst gehören viele sehr unangenehme Aspekte. Sie zeigt sich oft bei Menschen, die überhaupt kein Vertrauen mehr in ihre Fähigkeit haben, mit ihrer Lebenswelt umzugehen. Hier sind Symptome wie Herzklopfen, Mundtrockenheit oder – bei Kindern – Bettnässen die Folge. Da die chinesische Medizin diese Symptome der schwachen Nierenenergie zuschreibt, verzichtet sie auf Herzmittel oder die Empfehlung, vor dem Schlafengehen nichts mehr zu trinken. Stattdessen versucht sie, gezielt den Nierenmeridian zu behandeln. Jeder aufgeklärte Therapeut in West und Ost wird außerdem empfehlen, die Ursachen der Angst zu beseitigen.

Kummer hat mit den Lungen zu tun und kann dadurch das Herz beeinträchtigen. Auch Sorgen können die Lungenenergie verringern und so zu Kurzatmigkeit und Beklemmungen führen. Etwaige Überarbeitung macht der Milz zu schaffen, die dann ihre Kontrolle über das Verdauungssystem verliert. Schockerlebnisse verursachen eine Abnahme der Herzenergie und ganz unmittelbar eine Zunahme der Herzfrequenz, aber auch eine Schmälerung der Nierenenergie. Wut kann leicht übermäßige Leberenergie schüren, was dann zu Kopfschmerz und Schwindel führt. Chronische Wut (in Form von nagendem Vorwurf, Frustration, Depression oder Reizbarkeit) kann dazu führen, dass diese übermäßige Leberenergie die Arbeit der Milz stört, die das Verdauungssystem schützt.

Angenehme Gefühle sind hingegen für Körper und Geist äußerst wohltuend, solange sie das Herz nicht übermäßig stimulieren und dadurch Unruhe und Schlaflosigkeit verursachen. Auch hier gilt die Devise: „Alles in Maßen".

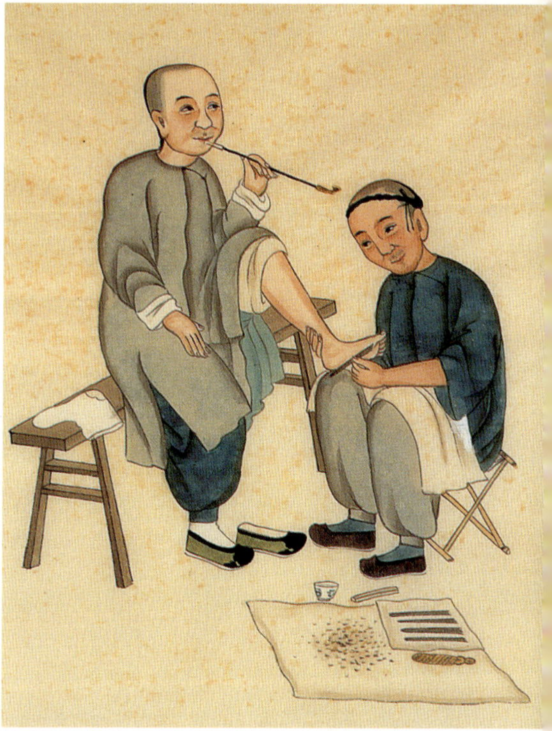

oben Dieser Druck aus dem 19. Jahrhundert zeigt eine Fußmassage – eine in China jahrhundertelang übliche Praxis.

Kapitel 2

Geschichte

Die Energiemedizin ist wichtiger Bestandteil einer vielfältigen Heiltradition, die sich in ihren verschiedenen Formen und Zeiträumen in der ganzen Welt entwickelt hat. Ob das Wissen und die Techniken der Energiearbeit von Reisenden verbreitet wurden, lässt sich heute nicht mehr feststellen. Aber es ist möglich, dass sich in den verschiedenen Kulturen auch unabhängig voneinander ganz ähnliche Ideen und Behandlungsmethoden entwickelt haben.

Die Anfänge

Auf der Suche nach effektiven Möglichkeiten zur Schmerzlinderung oder einfach nur durch Zufall entdeckten unsere frühen Vorfahren vermutlich wirksame Behandlungsmethoden, die sie dann bei ähnlichen Beschwerden wiederholten. Ohne Medikamente und Chirurgie und zu einer Zeit, in der das Heilen noch keine Vollzeitbeschäftigung war, waren sie auf Methoden angewiesen, die sie bei sich selbst anwenden konnten. Da noch kaum Details über die Prozesse im Körper bekannt waren, mussten sie sich auf genaue Beobachtungen verlassen.

Ayurveda, die traditionelle Medizin Indiens, basiert auf der Vorstellung, dass im ganzen Körper Energie fließt. Auch die medizinischen Theorien im alten Griechenland (aus denen sich die westliche Schulmedizin entwickelte) gingen zunächst von Körperenergien aus – später gab man dieses Konzept jedoch auf. Die Akupressur ist Bestandteil der komplexen und ausführlich überlieferten chinesischen Tradition, die sich über 3000 Jahre lang immer weiter entwickeln konnte.

Füße und Hände, also Körperteile, die viel Arbeit verrichten müssen, wurden immer schon bevorzugt massiert. Dabei spielt der Aspekt der liebevollen Fürsorge für den Heilungsprozess und die Schmerzlinderung ganz gewiss eine große Rolle. Jesus bestand darauf, seinen Jüngern die

unten Fragment eines indischen Wandgemäldes aus dem 7. bis 8. Jahrhundert, das Kleidung und Füße des Buddha zeigt. Möglicherweise stammt die Reflexzonenbehandlung aus Indien.

Füße zu waschen. Bilder und Belege aus der ganzen Welt zeigen, dass die Menschen sich immer die Füße massiert haben, auch wenn wir heute leider nicht mehr feststellen können, welche Techniken zur Anwendung kamen.

Der erste medizinische Hinweis stammt aus dem alten Ägypten, etwa aus dem Jahr 2500 vor unserer Zeitrechnung. Ein Wandbild im Grab des bekannten Arztes Ankhmahor zeigt mehrere Ärzte, die Hände und Füße ihrer Patienten behandeln. Hieroglyphen verraten, dass die Patienten um Schmerzfreiheit bitten, wir können also relativ sicher sein, dass es sich dabei definitiv um eine medizinische Behandlung und nicht um Kosmetik oder Entspannung handelt.

In Japan gibt es einen bestimmten Zweig der Reflexzonenbehandlung, der sokushinjutsu genannt wird. Man nimmt an, dass diese Therapie vor etwa 5000 Jahren zum ersten Mal in Indien angewendet wurde und von dort aus nach dem dritten vorchristlichen Jahrhundert von buddhistischen Mönchen erst nach China und dann nach Japan gebracht wurde. Die Historikerin Christine Issel hat die Geschichte der Reflexzonentherapie erforscht und festgestellt, dass die Füße des hinduistischen Gottes Vishnu auf alten Gemälden von Symbolen bedeckt sind, die den Reflexpunkten genau entsprechen.

Vor der Ankunft der buddhistischen Mönche gab es in China aber auch eine eigene Variante der Fußbehandlung. Im 4. Jahrhundert vor unserer Zeit arbeitete ein chinesischer Arzt namens Wang Wie mit Akupunkturnadeln, die er an bestimmten Punkten des Körpers seiner Patienten einstach. Danach drückte er die Fußsohlen kräftig mit dem Daumen, um so Heilenergie freizusetzen. In den folgenden Jahrhunderten entstanden in China Berichte über Fußmassagen und Diagnosen, die mittels Betrachtung der Füße erstellt wurden.

Auch Heiler in Nord- und Südamerika haben vermutlich die Füße ihrer Patienten behandelt, während in Europa im 16. Jahrhundert eine Art von Zonentherapie angewendet wurde, bei der in bestimmten Körperregionen Druck ausgeübt wurde, um Schmerzen in anderen Körperteilen zu lindern. Leider wissen wir nicht genau, wie diese Techniken aussahen. Im 19. Jahrhundert entdeckten englische Nervenspezialisten, dass das Drücken von bestimmten Punkten am Körper Taubheitsgefühle verursachen und die Funktion der inneren Organe stark beeinflussen kann. Gleichzeitig fanden Ärzte in Deutschland, wo die Massage recht verbreitet war, heraus, dass die Behandlung der Hand Schmerzen linderte.

Die Reflexzonenbehandlung, wie wir sie heute kennen, entstand Anfang des 20. Jahrhunderts, als der amerikanische Arzt William Fitzgerald für Narkosezwecke ein System von Druckpunkten entwickelte. Er stellte fest, dass sie am ganzen Körper zu finden sind, und teilte diesen in Zonen ein, die den heute üblichen sehr ähnlich sind. Er nannte sein Verfahren „Zonentherapie" (1917). Einer seiner Kollegen führte die verblüffende

oben Berichte über Therapieformen des Ostens wurden vielleicht von Abenteurern wie Marco Polo in den Westen gebracht, der hier bei seiner Abfahrt aus Venedig zu sehen ist.

oben Die Schriftzeichen auf den Fußsohlen dieses liegenden Buddha in Pegu, Myanmar (früher Burma), sind deutlich sichtbar.

Wirkung gerne vor, indem er im Gesicht eines Freiwilligen ganz ohne Schmerz eine Nadel stach, nachdem er den entsprechenden Punkt an seiner Hand gedrückt hatte.

1915 veröffentlichte Dr. Fitzgerald einen Artikel mit der Überschrift „Beenden Sie Ihre Zahnschmerzen – drücken Sie Ihren Zeh". Zwei Jahre später, 1917, erschien sein erstes Buch zum Thema. Das Verfahren wurde zwar von einigen Ärzten und Zahnärzten aufgegriffen, blieb aber umstritten.

In den 1930er Jahren entdeckte die amerikanische Physiotherapeutin Eunice Ingham, dass die wirksamsten Reflexpunkte in den Füßen lokalisiert sind, und zeichnete daraufhin die ersten Karten der Fußreflexzonen, die übrigens sogar noch heute verwendet werden. Sie nannte ihre Methode Reflexzonentherapie und lehrte sie in den ganzen USA. In den 1950er Jahren geriet die Theorie als Schwindel unter Beschuss, und amerikanischen Therapeuten wurde vorgeworfen, ohne Zulassung als Mediziner zu arbeiten. Letztendlich wurden sie zum Glück entlastet.

1966 kam die Reflexzonentherapie bis nach England, wo sie durch das große Interesse an alternativen Heilverfahren und die Gründung der British School of Reflexology durch Ann Gillanders in den 1970er Jahren sehr bekannt wurde. Sie ist heute so verbreitet, dass normale Hausärzte Reflextherapeuten beschäftigen, um ihre Patienten im Rahmen des staatlichen Gesundheitssystems behandeln zu können. In Dänemark ist die Reflexzonentherapie die Komplementärbehandlung schlechthin: Etwa neun Prozent der Bevölkerung haben Erfahrung damit.

Der chinesische Hintergrund

Die Tatsache, dass die Methode der Energiearbeit in der traditionellen Medizin Chinas eines so große Rolle spielt und dort gut dokumentiert und durch solide Erfolge (siehe „Was die Wissenschaft sagt" auf Seite 29) belegt ist, macht sie sehr plausibel.

Obwohl die Akupressur oft als Abkömmling der Akupunktur beschrieben wird, existierte sie wahrscheinlich zuerst. Die Menschen haben vermutlich beobachtet, dass Druck an bestimmten Punkten Schmerzen lindert. Im Laufe der Zeit entdeckten sie, dass Druck oder Hitze an den richtigen Stellen die Funktion der inneren Organe beeinflussen kann. Während im Westen bis ins 19. Jahrhundert ein Schluck Rum oder Schnaps die einzige Narkosemöglichkeit war, gehörte die Schmerzlinderung und Betäubung zu den ersten Anwendungsbereichen der Akupressur.

Bald entdeckte man, dass die Verwendung von spitzen Gegenständen eine stärkere Wirkung hatte. Noch bevor Menschen Metall herstellen konnten, behandelten die ersten Akupunkteure die Druckpunkte mit verschieden geformten Steinen, gespitzten Knochen, Bambussplittern oder Scherben. Im Grab des Prinzen Liu Sheng und seiner Gemahlin, das vor etwa 2000 Jahren angelegt worden war, entdeckte man neben ihren Schätzen auch eine Sammlung goldener und silberner Akupunkturnadeln. Zur Zeit der Entstehung des „Medizinkanons" geschrieben wurde, im letzten vorchristlichen Jahrtausend, waren neun Sorten von Nadeln in Verwendung, von haarfeinen bis zu stumpfen und eiförmigen Werkzeugen für Druckbehandlungen. In zeitgenössischen Büchern
werden auch das Meridiansystem und die Moxibustion erwähnt. Dabei werden die Druckpunkte durch das Verbrennen von Kräutern erhitzt.

Akupunktur und Akupressur sind aber nur ein Zweig der traditionellen chinesischen Medizin, in der sich Kräuterheilkunde, Massage, Ernährungslehre und Übungen zur Energiesteuerung wie qigong ergänzen, auch wenn die einzelnen Verfahren alleine wirksam sind. Sie alle wirken auf energetischer und physiologischer Ebene.

Die ältesten bis heute erhaltenen Quellen der chinesischen Medizin – Kräuterrezepte und Berichte über die Wirkung des Wetters auf die Gesundheit – sind etwa 3000 Jahre alt. Im vierten vorchristlichen Jahrhundert wurden die üblichen Diagnosemethoden aufgezeichnet, zu denen das Gespräch mit dem Patienten gehörte. Das uns bekannteste und am besten erhaltene Werk ist das „Nei Jing", der „Innere Klassiker des Gelben Kaisers". Er stammt angeblich von Chinas mythischem ersten Kaiser, wurde aber tatsächlich von Gelehrten im dritten vorchristlichen Jahrhundert zusammengestellt und in den folgenden Jahrhunderten erweitert. Im Jahr 220 enthielt
dieses erschöpfende Buch alles, was damals über Gesundheit und Medizin bekannt war.

Im „Nei Jing" wird, wie in etlichen anderen chinesischen Texten aus dieser Zeit auch, die Bedeutung von Sauberkeit, guter Ernährung und ausgeglichenem Leben unterstrichen. Mäßigkeit in allen Bereichen wird empfohlen: beim Essen, bei der Arbeit, beim Studium und beim Schlaf. Weiter gilt frische Luft als lebenswichtig für Erwachsene und Kinder, ebenso sauberes Wasser. In der westlichen Welt entdeckte man dies erst im 19. Jahrhundert. Im 12. Jahrhundert, also etwa

rechts Die Füße eines riesigen sitzenden Buddha am Ufer des Yangze-Flusses in China. Die Reflexzonenbehandlung und die Akupressur gehen auf die alte chinesische Medizin zurück.

700 Jahre bevor die Ärzte im Westen wussten, dass man sich nach dem Sezieren einer Leiche und vor einer Geburt die Hände waschen muss, bestand das „Neue Buch der Kinderpflege" darauf, die Schere vor dem Durchtrennen der Nabelschnur in einer Flamme zu sterilisieren.

Im Zentrum der in diesen sehr alten Texten festgehaltenen Medizinlehre steht immer die Aufrechterhaltung des energetischen Gleichgewichts im Körper. Im „Medizinkanon" ist zu lesen: „Durch ein Übermaß an Wind, Regen, Kälte oder Hitze können alle möglichen Krankheiten verursacht werden, aber auch durch ein Ungleichgewicht von Yin und Yang, durch extreme Freude oder Wut, durch unregelmäßiges Essen, ungute Lebensumstände oder durch Schrecken oder Furcht." Damals waren die Menschen nur schwer davon zu überzeugen, dass Krankheiten von diesen vermeidbaren Faktoren verursacht werden und nicht von rachsüchtigen Göttern. Im Buch heißt es: „Es hat keinen Sinn, mit Menschen über medizinische Prinzipien zu sprechen, die noch an Geister und Gespenster glauben; ebenso wenig kann man medizinische Verfahren mit Menschen verhandeln, die gegen Akupunktur, Chirurgie oder medizinische Substanzen eingestellt sind."

oben Der hinduistische Gott Vishnu wird oft mit Symbolen an den Fußsohlen dargestellt, die den Reflexpunkten entsprechen.

Im 2. und 3. Jahrhundert wurden schließlich die Übungen erfunden, die später zu tai chi (tai ji chuan) wurden. Sie gehen von den Bewegungen der fünf Tiere Tiger, Hirsch, Bär, Affe und Vogel aus und sollen durch die Bewegung der Energie und das körperliche Training zu einer konsequent robusten Konstitution führen.

Im Laufe der Jahrhunderte wurde das medizinische System immer subtiler, auch wenn die wichtigsten Elemente von Anfang an praktiziert wurden. Obwohl Krankheiten mit vielen Kräutern und chirurgischen Techniken behandelt wurden, blieb das zentrale Anliegen der Medizin immer weiter die Prävention.

Die Autoren des Medizinkanons warnen die Leser: „Ein weiser Arzt heilt nicht etwa eine Krankheit, sondern er verhindert sie. Ein weiser Politiker bringt seinem Land keinen Frieden, sondern regiert sein Land immer in Frieden. Wenn der Arzt auf die Krankheit wartet, um sie dann zu behandeln, oder der Politiker auf Unruhe im Land, um sie beizulegen, ist es bereits zu spät. Das ist, als ob ein Verdurstender nach einer Quelle sucht oder die Waffen erst geschmiedet werden, wenn der Krieg begonnen hat."

Da die Chinesen zwar gelehrt waren, aber ungern reisten, wurden viele der chinesischen Entdeckungen nicht in die Welt getragen. Da China aber über einige Jahrtausende hinweg ein kulturelles Zentrum war, nahmen Besucher aus den Nachbarländern die Philosophie mit in ihre Heimat, wo sie sich in lokalen Varianten weiter entwickelte. Japanische Gelehrte beispielsweise kamen nach China, nahmen die Kultur und so auch das medizinische System gründlich auf und entwickelten dann ihre eigene, als shiatsu bekannte Form der Akupressur.

Der berühmte Reisende Marco Polo berichtete im 12. Jahrhundert in wunderbarer Weise über das chinesische Gesundheitssystem, jedoch ohne brauchbare Details. Im 17. Jahrhundert brachte ein Angestellter der Ostindienkompanie leider nur bruchstückhafte Informationen über die Akupunktur mit in den Westen. Allerdings hielt er die auf Karten abgebildeten Meridiane für Gefäße und verwirrte seine Zuhörer damit. Ein holländischer Arzt schrieb 1883 eine ganze Abhandlung über Akupunktur, aber erst im 20. Jahrhundert wurden die Informationen über die chinesische Medizin endlich in Europa zugänglich.

Ein großer Teil der medizinischen Theorie Chinas macht für unser modernes westliches Verständnis durchaus Sinn. Erst vor etwa hundert Jahren allerdings hat man auch in der westlichen Medizin den hohen Stellenwert der Mäßigung, des gesunden Essens und der Hygiene (für Ärzte und Patienten) begriffen.

Auch die Kräutermedizin ist für Zeitgenossen, die an die Verwendung von Medikamenten gewöhnt sind, nicht abwegig, zumal auch in Europa bis vor etwa hundert Jahren die Kräuterheilkunde weit verbreitet war und heute eine Renaissance erlebt. Über die Wohltaten der chinesischen Kräuterheilkunde wird erst seit kurzer Zeit in internationalen Publikationen berichtet, nachdem placebokontrollierte Doppelblindstudien durchgeführt wurden. 1997 wurde in einem Bericht des „British Medical Journal" über die Wirksamkeit berichtet. (Siehe auch „Was die Wissenschaft sagt" auf Seite 29.)

Was das System der Meridiane angeht, gibt es genügend bekannte Belege für ihre Wirksamkeit, um die dem westlichen Denken eigenen Skrupel zu zerstreuen.

oben Das Relief aus dem Jahr 2350 v. Chr. zeigt Diener, die Ptahhotep die Füße und Hände massieren.

Kapitel drei

Aktuelle Bedeutung

Als rezeptfreie und zudem leicht erlernbare Behandlungsmethoden sind Reflexzonenmassage und Akupressur zur Selbsthilfe ideal. Sie eignen sich zur Linderung langwieriger Beschwerden ebenso gut wie zur Anwendung bei plötzlichen Notfällen. Sie können eine konventionelle medizinische Behandlung unterstützen und ergänzen oder, falls nötig, als erste Hilfe eingesetzt werden. Verwöhnen Sie Ihre Freunde und Verwandten mit einer Reflexzonenmassage oder einer Akupressursitzung. Besonders für Kinder und ältere Menschen sind die beiden Verfahren gut geeignet.

Kinder

Kinder sprechen auf diese sanfte Behandlung oft sehr schnell an. Wenn Sie Ihr Kind nicht wegen harmloser Befindlichkeitsstörungen zum Kinderarzt schleppen wollen, weil es sich im Wartezimmer vielleicht mit weiteren Krankheiten ansteckt oder weil Sie in der Regel eine lange Einkaufsliste für Medikamente mitbekommen, ist die Reflexzonenbehandlung genau die richtige Methode für Sie. Besonders weil Ärzte beobachtet haben, dass bestimmte Krankheiten bei Kindern (wie beispielsweise Ohrenschmerzen) ohne Antibiotika genauso schnell vergehen wie mit. Bei Halsschmerzen helfen Antibiotika meistens ohnehin nicht, weil sie nicht von Bakterien verursacht werden. Aber gerechterweise muss gesagt werden: Kinderärzte, die oft nur wenig Zeit mit ihren kleinen Patienten verbringen können, ist keine ausreichend sorgfältige Behandlung mehr garantiert. Eltern haben zudem oft das Gefühl, bei jedem Besuch auch ein Medikament zur Behandlung erhalten zu müssen.

Kleine Kinder sprechen besonders gut auf Reflexzonenbehandlung und Akupressur an, weil sie unsere kulturell bedingte Abneigung gegen Berührungen noch nicht verinnerlicht haben. Wer ein wenig Reiseerfahrung hat, weiß, dass die Erwachsenen beiderlei Geschlechts in vielen Ländern der Welt viel taktiler sind. Sie berühren sich, wenn sie miteinander sprechen, legen gerne den Arm um Freunde oder rücken in öffentlichen Verkehrsmitteln wie Bussen fröhlich zusammen. In dieser Hinsicht sind wir im Westen die komische Ausnahme. Und weil wir so wenig nichtsexuellen Körperkontakt haben, neigen wir dazu, jede

Berührung mit Gewalt oder Sex zu assoziieren: Sie macht entweder Angst oder scheint in einer falschen Situation unangemessen.

Aber unsere Kinder genießen die menschliche Berührung und Nähe noch. Denn sie sind in ihren Körpern noch zu Hause und mögen meist sanfte Handgriffe, die nicht schmerzen und Linderung verschaffen können. Baby- und Kindermassage ist in vielen Teilen der Welt üblich, um die Gesundheit und Entwicklung der kleinen Menschen zu fördern. Bei einem Kind, das noch so klein ist, dass es in Ihren Armen einschläft, lässt sich die Druckpunktbehandlung besonders gut mit einigen beruhigenden und ausstreichenden Massagegriffen kombinieren. Ältere Kinder sind fasziniert von dem Zusammenhang unserer verschiedenen Körperteile und können bestimmte Techniken selbst erlernen, ohne dass sie gleich die Theorie verstehen müssten.

Mit einem kranken Kind, dessen Zustand sich zunehmend verschlechtert, sollten sie jedoch immer zum Arzt gehen, besonders bei hohem Fieber oder Kopfschmerzen in Verbindung mit einem steifen Nacken (dies kann ein Zeichen für die seltene Hirnhautentzündung sein).

Ältere Menschen

Für ältere Menschen sind Reflexzonenbehandlung und Akupressur abgesehen von der heilenden Wirkung aus zwei weiteren Gründen interessant. Der gesellschaftliche Respekt vor dem Alter ist nicht allzu groß, und Rentner müssen sich oft die Klagen von Politikern über die hohen Kosten anhören, während die Gesundheitsversorgung, die sie nun brauchen, immer lückenhafter wird. Früher wichtige Tugenden wie Ehrlichkeit und Sparsamkeit sind nicht mehr viel wert, und die in schwierigen Zeiten entstandenen sozialen Werte gelten als veraltet. In vielen anderen Kulturen wird die Erfahrung älterer Menschen sehr geschätzt, aber hier im Westen scheinen Menschen mit dem Ende ihres Berufslebens überflüssig zu werden.

Nimmt sich jemand die Zeit für eine angenehme Behandlung, kann das als willkommenes Zeichen der Wertschätzung verstanden werden.

Akupressur und Reflexzonenbehandlung lassen sich aber von älteren Menschen, die nicht mehr sehr aktiv sein können, auch gut erlernen, vorausgesetzt, die Hände sind nicht durch Arthritis oder Diabetes beeinträchtigt. Egal ob man eine Behandlung bekommt oder selbst in der Lage ist, andere zu behandeln – beides kann das psychische Wohlbefinden verbessern.

Viele ältere Menschen möchten keine vollständige Massage mehr bekommen, genießen aber trotzdem gerne die heilende Wirkung einer Reflexzonenmassage oder einer ausgiebigen Akupressurbehandlung. Die Behandlung von Händen, Gesicht und Schultern gehört dabei sicher zum Angenehmsten. Wenn Sie also ältere Menschen behandeln, sollten Sie bedenken, dass ihre Haut zarter und ihre Knochen spröder sind, und alles vermeiden, was Schmerzen oder Verletzungen verursachen könnte.

Menschen mit Diabetes – dazu gehören viele Ältere – brauchen aufgrund der eingeschränkten Durchblutung der Füße besondere Fußpflege. Wenn Sie also Verwandte mit Diabetes betreuen, können Sie eine sanftere Variante der Reflexzonenmassage in die Fußpflege integrieren.

Konzentrieren Sie sich dabei auf die beruhigenden Ausstreichungen und drücken Sie bitte nicht allzu kräftig. Weil die Haut etwas taub sein kann, ist es möglich, dass eventuell auftretende Schmerzen nicht sofort wahrgenommen werden.

Die Technik erlernen

Jeder kann Methoden der Selbstbehandlung wie Akupressur und Reflexzonenbehandlung erlernen. Dabei liegt es an Ihnen, wie weit sie dabei gehen wollen. Dieses Buch stellt Ihnen eine vollständige Reflexzonenbehandlung und genug Akupressur vor, um alltägliche Befindlichkeitsstörungen zu bessern. Sie können auch weiter gehen und einen Kurs besuchen, um Ihre Fähigkeiten zu verbessern und sicherzugehen, dass Ihre Griffe korrekt sind. Kein Buch kann das so gut wie ein qualifizierter Lehrer. Auch eine professionelle Behandlung ist ihr Geld wert. Ganz egal, ob Sie sich dabei für Reflexbehandlung oder Akupressur entscheiden – beide Verfahren sind ganzheitlich und eignen sich besonders, um das gesamte System wieder ins Gleichgewicht zu bringen. Ein professioneller Therapeut kann vielleicht Aspekte Ihres Problems wahrnehmen, an die Sie bei Ihrer Selbstbehandlung nicht gedacht haben. Viele Profis geben außerdem gerne und bereitwillig Auskunft darüber, wie Sie sich zwischen den Sitzungen selbst weiterhelfen können.

Erkundigen Sie sich in Ihrem Bekanntenkreis nach empfehlenswerten Reflexzonentherapeuten oder richten Sie Ihre Anfrage an eine der etablierten Organisationen (siehe „Nützliche Adressen" auf Seite 125). Wenn Sie einen guten Therapeuten gefunden zu haben glauben, sollten Sie sich vor der Terminabsprache nach dem Preis erkundigen und fragen, zu wie vielen Sitzungen er oder sie Ihnen rät. Manchmal bieten Akupunkteure auch Akupressur an. Sollten Sie sich in einem solchen Fall auch für Akupunktur entscheiden, müssen Sie auf jeden Fall darauf achten, dass Sie eine qualifizierte Person vor sich haben und die Nadeln steril sind.

Wunderheilung?

Wer komplementäre Heilverfahren verwendet, übernimmt damit Eigenverantwortung für sein persönliches Wohlergehen. Das heißt nicht, dass lebenswichtige Medikamente oder Operationen abgelehnt werden, nicht einmal eine Aspirin bei hartnäckigen Kopfschmerzen. Vielmehr geben wir die Vorstellung auf, dass Krankheit zufällig auftritt und durch ein Rezept vom Arzt geheilt wird.

Verantwortung für die eigene Gesundheit zu übernehmen heißt durchaus, auf den Arzt zu hören, der ausreichend Zeit für seine Aus- und Weiterbildung aufbringt. Auch wenn Sie bei so manchem Medikament skeptisch sind, ist er der Fachmann für Diagnostik. Denken Sie daran, dass Reflexzonenmassage und Akupressur eine klassische medizinische Behandlung wirksamer machen können und dass es sich dabei nicht etwa um ein Entweder-oder-Verhältnis handelt, sondern um ein ergänzendes.

Verantwortung zu übernehmen heißt auch, andere Schritte zur eigenen Gesunderhaltung zu unternehmen. Natürlich ist Rauchen nicht nur für Herz und Lunge schädlich, sondern allgemein für die Gesundheit. Übermäßig viel Alkohol ist ebenfalls schädlich, besonders, wenn sie sich daran gewöhnt haben, jeden Tag etwas zu trinken. Auch

Koffein kann süchtig machen, egal, ob es in Cola, Kaffee oder Tee enthalten ist. Ihre tägliche Ernährung sollte so wenig wie möglich aus Fertigprodukten bestehen, sondern vorwiegend aus frischem Gemüse, Früchten und Getreide (auch Brot), einigen proteinhaltigen Nahrungsmitteln wie Fisch, Fleisch, Milchprodukten oder anderem vegetarischem Eiweiß wie Tofu oder Seitan.

Fertigprodukte enthalten meistens außerordentlich viel schädliche Fette und dabei wenig nützliche Nährstoffe. Sie sind als gelegentlicher Snack oder Leckerei in Ordnung, sollten jedoch keinesfalls die Grundlage der Ernährung darstellen.

Nur wenige Menschen bewegen sich heute in ihrem Alltag genug. Mindestens dreimal pro Woche sollten Sie sich deshalb eine halbe Stunde lang sportlich betätigen und dabei Ihren Puls so beschleunigen, dass Sie leicht außer Atem sind, aber noch sprechen können.

Bei der Aufrechterhaltung unserer Gesundheit spielen Einstellungen und Ansichten ebenfalls eine große Rolle. Negative Gedanken schlagen nicht nur auf unsere Stimmung. Wenn Sie regelmäßig Gefühle wie Groll, Bedauern über Vergangenes, Neid, Eifersucht oder Hoffnungslosigkeit haben, kann das zu Depressionen und Lethargie führen, was wiederum deutlich das Immunsystem schwächen und viele körperliche Krankheiten verursachen kann.

Verantwortung für sich selbst zu übernehmen kann viel Selbstvertrauen geben. Seien Sie aber realistisch und erwarten Sie keine Wunder. Weder die Vertreter der Komplementärmedizin noch wir selbst besitzen übernatürliche Kräfte. Wir können uns nur immer wieder für gesunde Alternativen entscheiden und selbstbewusst ein gutes Leben anstreben – und das jeden Tag. Und das ist die Mühe und Anstrengung auf jeden Fall wert, weil wir es wert sind.

Was die Wissenschaft sagt

Jeder Behandler hat Geschichten über die beeindruckende Wirkung von Reflexzonenmassage oder Akupressur auf Lager, die ihre großen Vorteile unterstreichen. Wissenschaftler möchten das vernünftigerweise mit standardisierten Experimenten beweisen, die sich mit ähnlichen Testverfahren vergleichen lassen.

Der überzeugendste wissenschaftliche Test ist der placebokontrollierte Versuch, bei dem Freiwillige sich beispielsweise bereit erklären, jeden Tag eine Tablette zu nehmen, ohne dabei zu wissen, ob es sich dabei um ein richtiges Medikament oder ein Placebo, eine harmlose Zuckerpille ohne Inhaltsstoffe, handelt. Die Wissenschaftler kontrollieren die Ergebnisse beider Gruppen und werten dann die Wirkung des Medikaments bei der ersten Gruppe und auch die Verbesserungen des Wohlbefindens in der Placebogruppe aus. Die Letzteren können ihren Erfolg dem natürlichen Selbstheilungsprozess des Körpers oder aber der Teilnahme an dem Versuch und einem dadurch bedingten psychischen Energieschub verdanken.

Am wichtigsten sind dabei die placebokontrollierten Doppelblindstudien, bei denen sogar die Ärzte, die die Pillen verteilen, nicht wissen, wer nun Placebos und wer Medikamente bekommt,

sodass jeder zufällige Einfluss auf die Probanden ausgeschlossen ist.

Wenn Wissenschaftler zu bedenken geben, dass es wenig solide Belege für die Wirksamkeit von Komplementärmedizin gibt, so bedeutet dies, dass es wenig placebokontrollierte Doppelblindstudien gibt. Aber diese Verfahren wurden extra konzipiert, um die Wirksamkeit von Medikamenten zu testen; sie sind deshalb für komplementäre Heilmethoden oft nicht geeignet. Die Therapeuten führen zu Recht an, dass ihre Methoden immer am Einzelfall orientiert sind und nicht nur eine Standardroutine abspult. Für sie spielt es keine Rolle, dass die positive Wirkung möglicherweise auch durch die fürsorgliche Behandlung und das Vertrauen der Patienten in den Therapeuten erklärt werden kann. Daher sind Komplementärtherapeuten an Studien, die sie für unangemessen halten, meist wenig interessiert.

Heute wird weithin akzeptiert, dass der Geist großen Einfluss auf den Körper hat und deshalb die positive Wirkung sowohl der Schulmedizin als auch der komplementären Verfahren unter anderem durch den psychischen Effekt der Fürsorge erklärt werden kann. Bei den komplementären Verfahren der Energiearbeit beeinflusst sicherlich auch die Energie des Behandlers das Ergebnis. Schon allein deswegen ist der direkte Vergleich einer richtigen Behandlung mit einer so genannten „Placebobehandlung" schwierig, denn auch diese tut vermutlich gut.

Auf die Probe stellen

Trotz aller Schwierigkeiten bei der wissenschaftlichen Untersuchung wurden Heilverfahren der Energielenkung getestet und auch für erfolgreich befunden. Die Reflexzonenbehandlung ist wie alle Massageformen bekannt dafür, dass sie die Zirkulation von Blut und Lymphe verbessert und dadurch entgiftend wirkt. Bei einigen der neueren Experimente wurden jedoch auch bestimmte Wirkungen festgestellt, die nicht allein auf eine bessere Durchblutung zurückzuführen sind.

So testeten einige chinesische Wissenschaftler beispielsweise zwei Gruppen von freiwilligen Diabetespatienten. Alle nahmen ihre Medikamente weiterhin, aber eine Gruppe wurde zusätzlich mit Reflexzonenmassage behandelt. In dieser Gruppe blieb der Blutzuckerspiegel der Probanden sehr viel stabiler als in der Kontrollgruppe.

In einer anderen, vom Reflexzonentherapeut Bill Flocco durchgeführten Studie in den USA notierten 52 Frauen mit PMS über sechs Monate hinweg ihre Symptome. Ein Teil der Frauen bekam in dieser Zeit Reflexzonenbehandlung, den anderen Frauen wurde dies ebenfalls gesagt, in Wirklichkeit wurden aber einfach nur ihre Füße mit Druck massiert. Doppelt so viele Frauen aus der ersten Gruppe erlebten im Vergleich zur zweiten Gruppe eine deutliche Besserung ihrer psychischen Beschwerden, dreimal mehr Frauen eine Besserung ihrer körperlichen PMS-Beschwerden.

Deborah Botting, eine interessierte Dozentin am universitären Ausbildungszentrum für Krankenpflege in Glamorgan, sichtete geduldig dutzende Forschungsberichte über Reflexzonentherapie und fand einige, die trotz aller möglichen Einwände die Kriterien wissenschaftlicher Studien erfüllten. In einer der Studien wurden freiwillige Probanden mit Schmerzen um die Lendenwirbel mit echter beziehungsweise vorgetäuschter Reflexzonenmassage behandelt, während die Medikation und die Physiotherapie weitergeführt wurden. Die Probanden mit echter Reflexbehandlung hatten deutlich weniger Schmerzen und waren beweglicher; viele von ihnen konnten sogar die Schmerzmittel absetzen. In ihrem Artikel („Review of Literature on the Effectiveness of Reflexology" in: „Complementary Therapies in Nursing and Midwifery", Nr. 3, 1997) unterstreicht Botting jedoch die Notwendigkeit weiterer Forschungen und der Verbreitung der Ergebnisse.

Die Studien über traditionelle chinesische Medizin sind im Vergleich dazu zahlreich und entsprechen zur Überraschung vieler westlicher Forscher sogar wissenschaftlichen Kriterien. So ist die Kräutermedizin am leichtesten in placebokontrollierten Doppelblindstudien zu testen, weil sie ja wie normale Medikamente verwendet wird.

Im „British Journal of Dermatology" wurde von der Behandlung kranker Kinder mit einem chinesischen Mittel gegen Ekzeme berichtet. Demnach besserte sich das Leiden der meisten Kinder im Versuch um etwa 60 Prozent. Eine Anpassung desselben Heilmittels an jedes einzelne Kind führte zu einer weiteren Verbesserung. Japanische Forscher fanden heraus, dass ein Kräutermittel das Krebsrisiko von Patienten mit Leberzirrhose deutlich verringerte. Derzeit wird in den USA an der Entwicklung von neuen Medikamenten gegen Malaria, Alzheimer und HIV auf der Basis von chinesischen Kräutern gearbeitet.

Mittlerweile weiß man, dass die Wirkung vieler chinesischer Heilmittel mit der pharmazeutisch hergestellter Medikamente der Schulmedizin durchaus vergleichbar ist, trotz der verschiedenen Grundlagen. Heilmittel zur „Entgiftung" wirken antiviral oder antibakteriell, Mittel zur „Reduzierung übermäßiger Hitze" hemmen Fieber und Entzündungen, Stärkungsmittel stimulieren das Immunsystem, während die Mittel gegen „Stockungen" tatsächlich den Kreislauf anregen und auch die Entstehung von Blutgerinnseln verhindern. Außerdem stellte man fest, dass das Drücken bestimmter Punkte am Körper Schmerzen lindert und den Blutfluss verbessert.

Natürlich werden diese Ergebnisse auch ganz unterschiedlich erklärt. So fand man heraus, dass

die Haut über Akupressurpunkten eine höhere elektrische Leitfähigkeit hat. Werden diese also stimuliert, schüttet das Gehirn eine erhöhte Menge an Endorphinen, also unseren natürlichen Schmerzhemmern, aus. Durch das Drücken von Akupressurpunkten werden die Spannungen in den angrenzenden Muskeln reduziert, sodass sich die Gefäße weiten können und damit die Durchblutung verbessert wird.

Obwohl die Akupunktur heute viel besser erforscht und vielerorts akzeptiert ist, hat sich in Studien auch die Akupressur bewährt. So ist der Akupressurpunkt Pc 6 vermutlich der bekannteste und am häufigsten getestete. Seine Behandlung kann Übelkeit verhindern.

Bei Übelkeit in der Schwangerschaft und in der Folge von Medikamenteneinnahme füllt die Akupressur eine große Lücke, denn Schwangere sollen möglichst keine Medikamente einnehmen und Antiemetika verhindern nur das Erbrechen, nicht aber das Gefühl der Übelkeit.

Andere, in seriösen Fachzeitschriften veröffentlichte Forschungsberichte rühmen die Vorteile der Akupressur bei der Behandlung von chronisch Kranken und Tieren. Sie hilft bei Lähmungen und Herz- und Atemwegserkrankungen wie Asthma. Auch zur Linderung von Kopf- und Muskelschmerzen, Angina, Rückenschmerzen und Geburtsschmerzen hat sie sich bewährt.

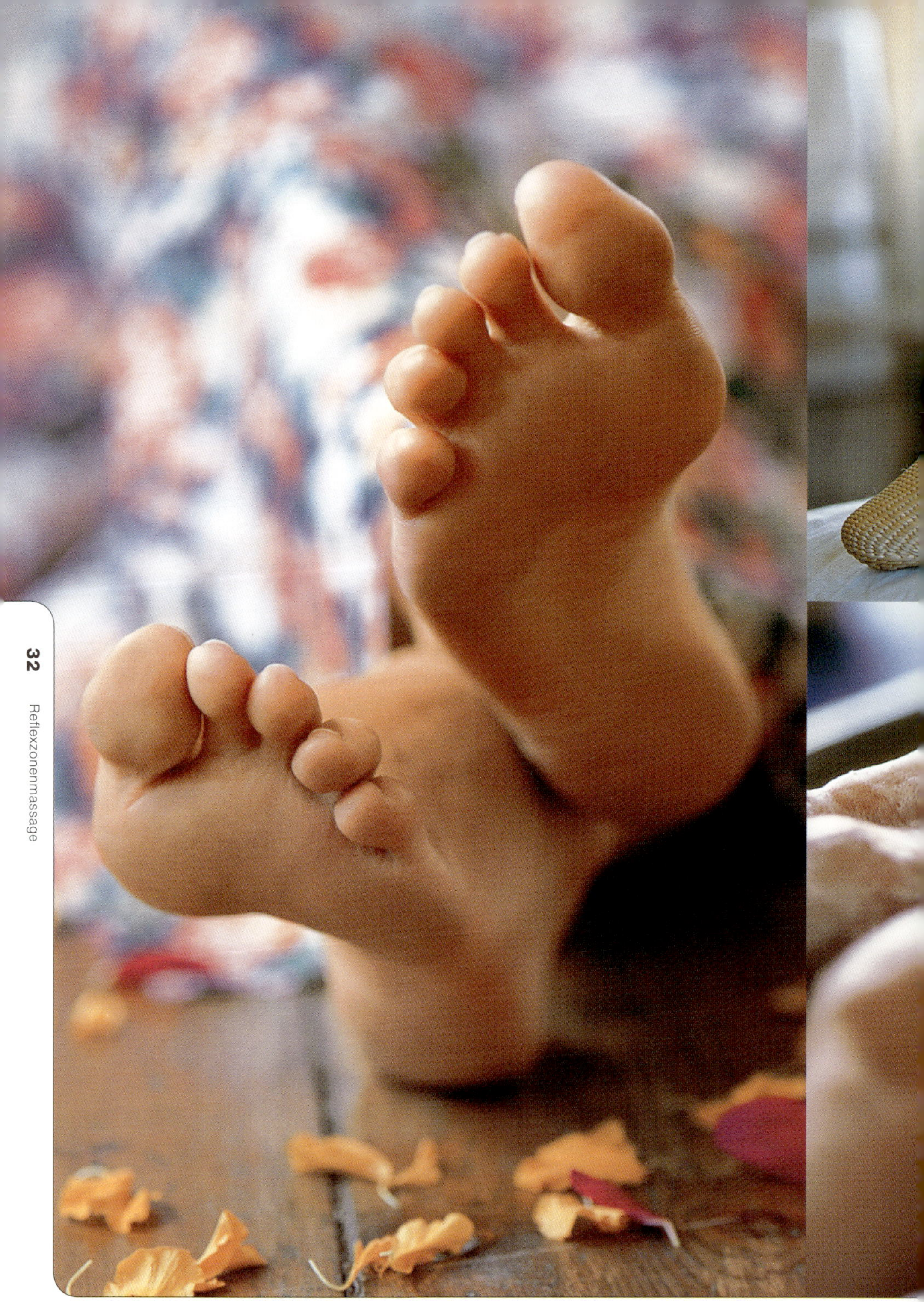

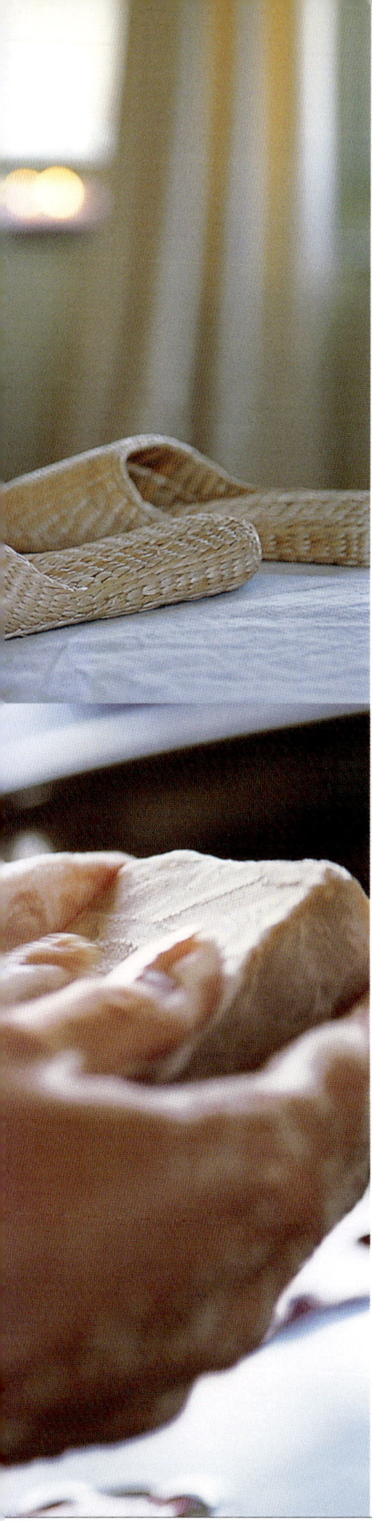

Reflexzonentherapeuten gehen davon aus, dass alle Teile des Körpers durch eine feine Energie verbunden sind, die in zehn Zonen vom Kopf zu den Füßen fließt. Bei Krankheit oder Unwohlsein ist der Energiefluss durch Blockaden gestört. Werden Hände und/oder Füße behandelt, lösen sich diese Blockaden, die Energie kann wieder frei fließen und das körperliche Gleichgewicht herstellen. Außerdem werden die körperliche Entspannung und die Durchblutung gefördert und damit eine gewisse Linderung der Symptome erreicht.

Diese Linderung kann zwar sofort auftreten, langwierige Beschwerden brauchen dennoch ihre Zeit, denn die Heilung beginnt in der Tiefe. Schließlich geht die Reflexzonentherapie davon aus, dass die körperliche Selbstheilung von innen nach außen verläuft. Wurden Symptome durch Medikamente unterdrückt, können sie in der Reihenfolge wieder auftreten, in der sie zuvor unterdrückt wurden. Aus diesem Grund können die ersten Behandlungen zunächst zu einer Verschlimmerung führen.

Kapitel vier

Reflexzonen-massage

Fußkarte

Die Füße sind ganz besondere Gebilde. Jeder Fuß enthält 26 Knochen (in den beiden Füßen befindet sich ein Viertel aller Knochen des Körpers), 7200 Nervenenden und 107 Bänder. Zusammen sorgen sie für die besondere Kraft und Beweglichkeit der Füße.

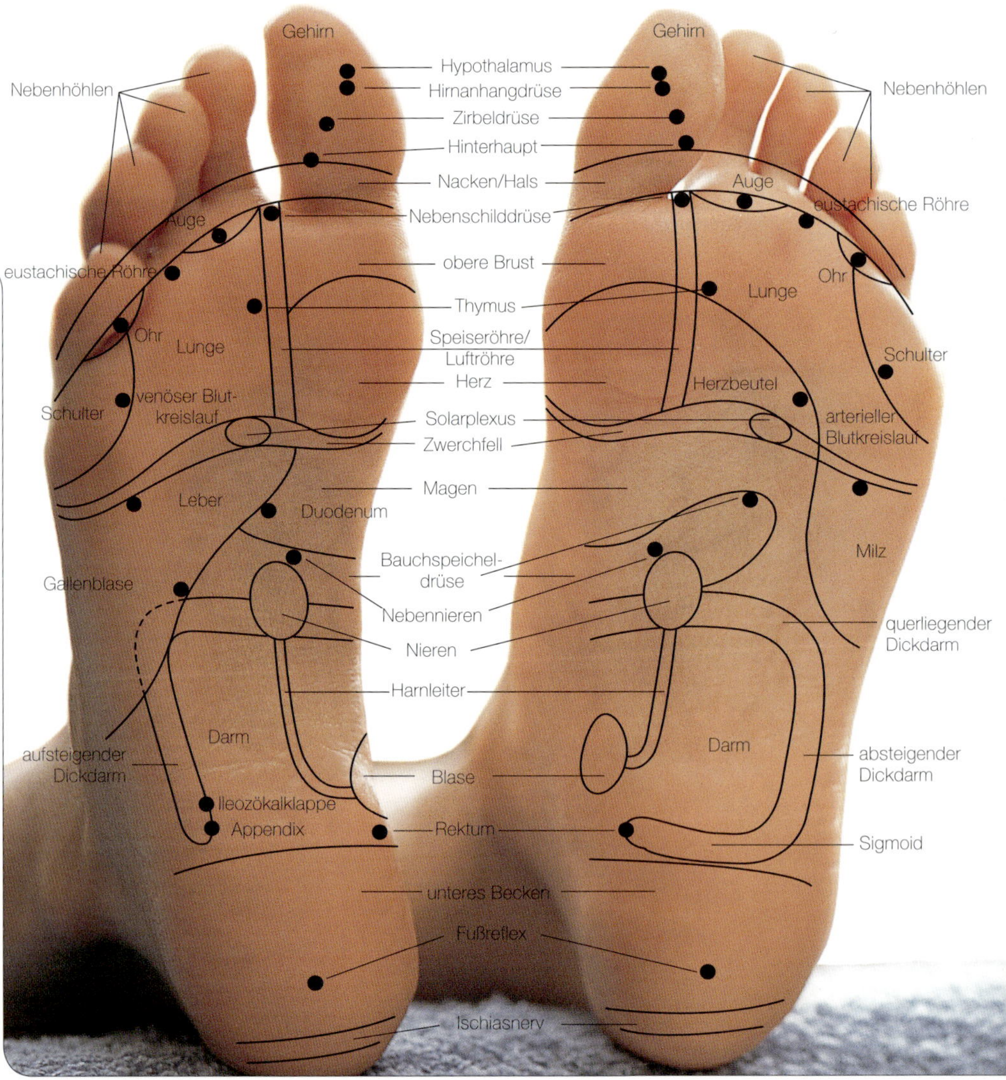

Obwohl wir im wahrsten Sinne des Wortes auf ihnen herumtrampeln, gehören die Füße zu den empfindlichsten Körperteilen. Deshalb sind sie so gut für die Reflexzonenmassage geeignet. Unsere Hände, die wir wesentlich respektvoller behandeln, sind in Wirklichkeit weniger empfindsam.

unten und links Beachten Sie, dass einige Organe innerhalb der allgemeinen Bereiche noch besonders ausgeprägte Reflexpunkte besitzen.

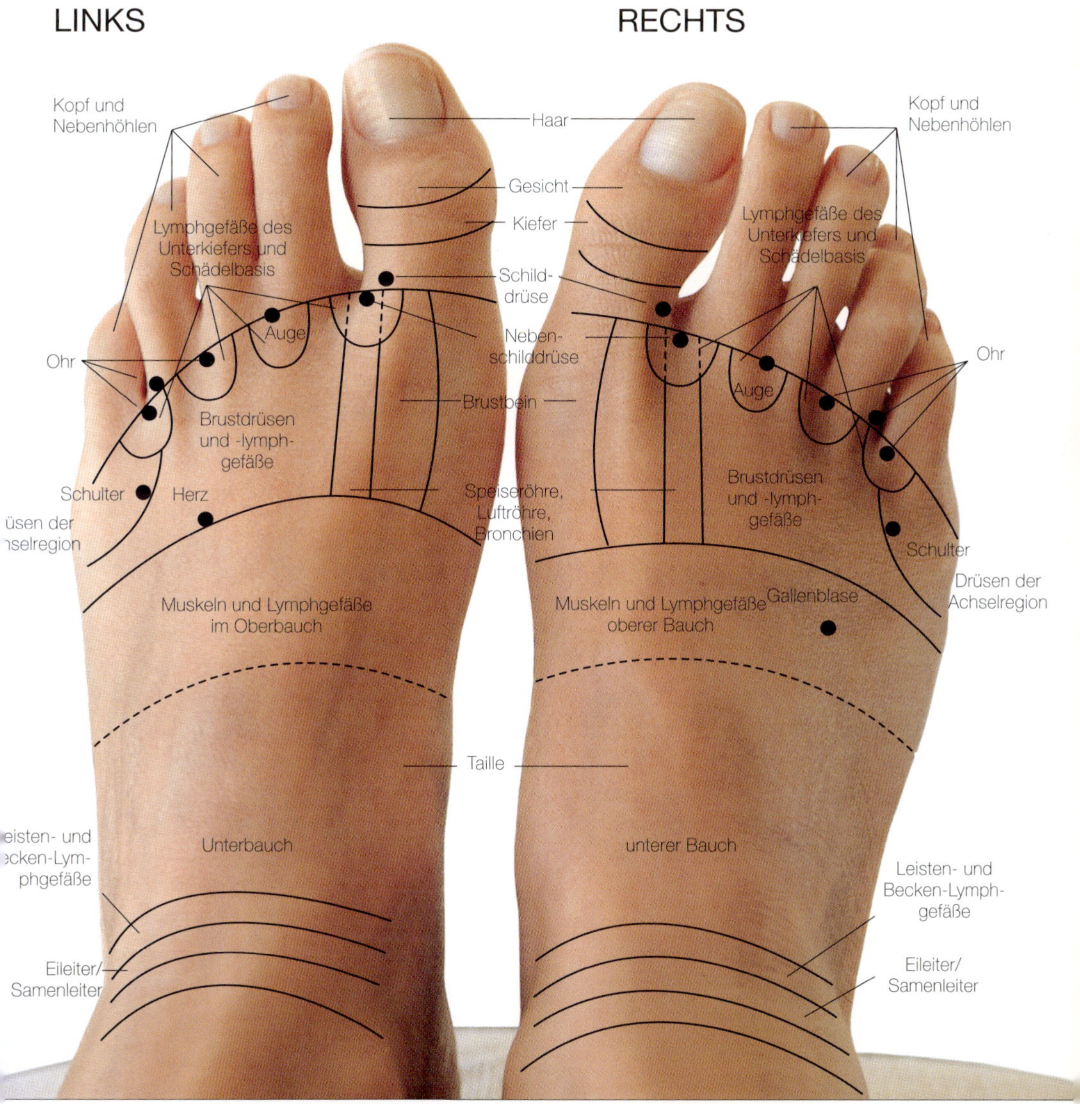

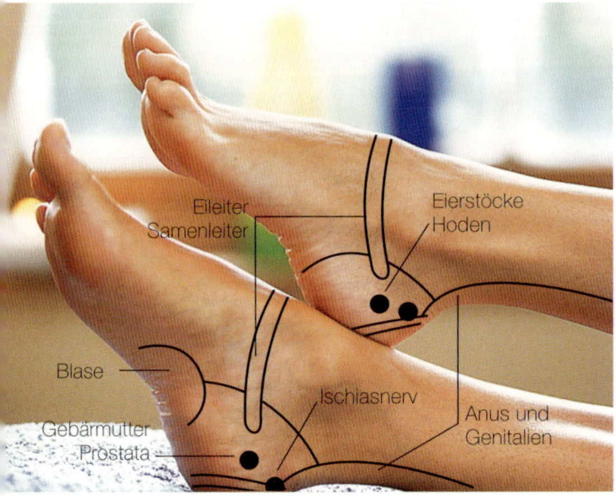

Reflexzonen der Unterleibsorgane

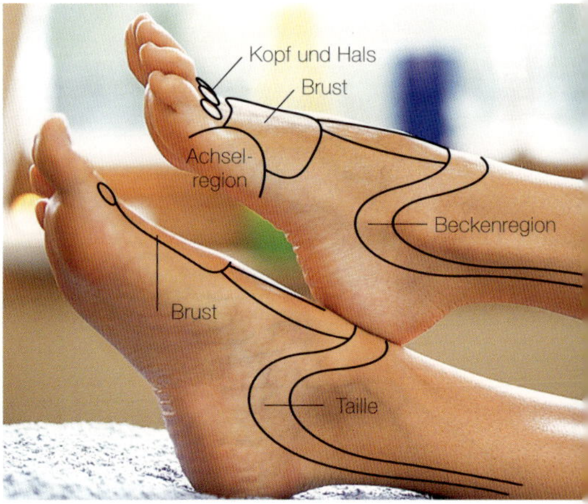

Reflexzonen des Lymphsystems

Wie es funktioniert

Die Reflexzonenmassage ist eine ganzheitliche Komplementärtherapie. Das bedeutet, dass der ganze Mensch und nicht einzelne Symptome behandelt werden. Denn Symptome wie Schmerz oder Hautrötungen sind meist nur das Zeichen einer inneren Störung. Beseitigt man nur das Symptom ohne die Ursache, ist das, als wolle man Masern durch Überschminken heilen. Behandelt man nur einen Teil des Körpers und verbessert dort den Energiefluss, so stagniert er an anderer Stelle vielleicht und der Patient fühlt sich schlechter als vorher. Eine Reflexzonenbehandlung beginnt daher normalerweise mit der Behandlung eines ganzen Fußes und somit der ganzen Person. Erst danach werden besonders bedürftige Regionen gezielt behandelt.

Wenn möglich sollten beide Füße oder Hände vollständig auf diese Weise behandelt werden. Das sorgt für Gleichgewicht und Harmonie und etabliert eine angenehme Routine, egal, ob Sie sich selbst oder jemanden anders behandeln. Außerdem fühlt es sich besser an, wenn kein Fuß und keine Hand vernachlässigt werden.

Wenn Sie einmal keine halbe Stunde Zeit für eine vollständige Behandlung haben oder Ihre Beschwerden sehr unmittelbare Gründe haben, wie zum Beispiel Reiseübelkeit, ist aber auch die Linderung von Symptomen sehr hilfreich. Natürlich sollten tiefer liegende oder langfristige Probleme deshalb nicht vernachlässigt werden.

Eine vollständige Reflexbehandlung umfasst alle auf den folgenden Seiten vorgestellten Abläufe zur Behandlung der verschiedenen Körpersysteme. Das Hormonsystem wäre damit eigentlich bereits abgedeckt, da sich ja in einigen Körperteilen endokrine Drüsen befinden. Es wird dennoch gesondert dargestellt, sodass Sie es bei hormonell bedingten Störungen unabhängig und vollständig behandeln können.

Wenn Sie keine Zeit für eine vollständige Behandlung haben, sollten Sie damit anfangen, den Energiefluss durch die kurze Vorbereitungssequenz auf den Seiten 40 bis 45 anzuregen. Bearbeiten Sie dann das System, das Ihnen die meisten Sorgen bereitet, und konzentrieren Sie sich danach auf bestimmte Punkte im Einzelnen.

Bei Kopfschmerzen sollten Sie beispielsweise zuerst die Kopf- und Nackenregion behandeln und dann den Kopfpunkt.

Beginnen und beenden Sie jeden Teil der Behandlung mit langen, sanften Ausstreichungen des Fußes Richtung Knöchel. Auch nach der Behandlung von empfindlichen Stellen sollten Sie das tun, um Spannung und überschüssige Energie daraus abzuleiten.

Wer eine Reflexbehandlung bekommen hat, sollte danach viel Wasser trinken, weil damit die Durchblutung und Innervierung der Organe und auch die Ausscheidung verbessert wird. Der Flüssigkeitsverlust muss wieder ausgeglichen werden, um die „Homöostase" (das körperliche Gleichgewicht) wiederherzustellen. Denn die Behandlung kann die Ausscheidung von lange eingelagerten Giften verursachen, was mitunter zu Kopfschmerzen oder Übelkeit führen kann. Auch hier hilft Wasser, denn es unterstützt die Funktion der Nieren und damit die Entgiftung des Körpers.

Reflexzonen der Gelenke

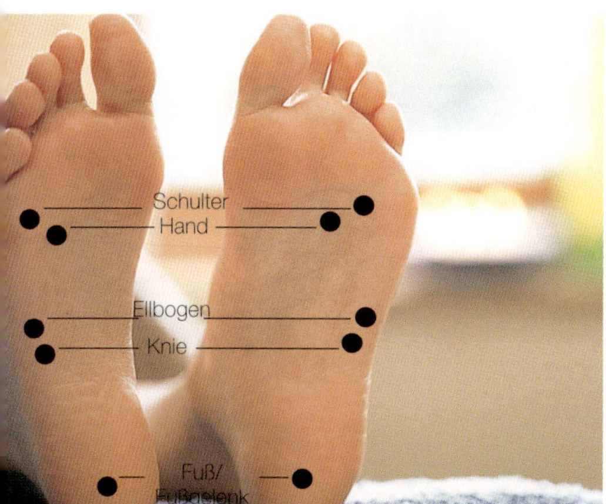

Reflexzonen des Skeletts und der Wirbelsäule

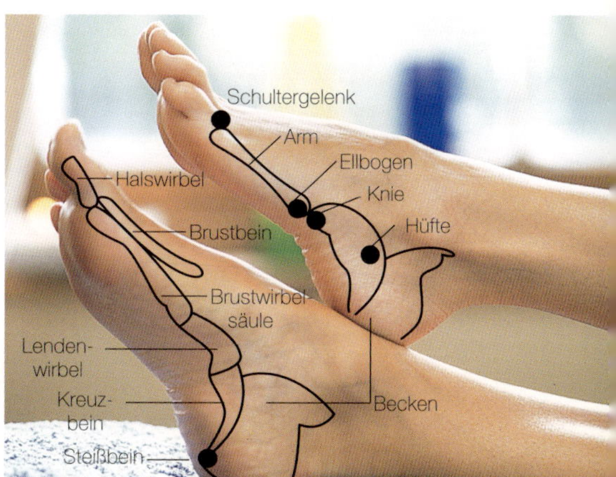

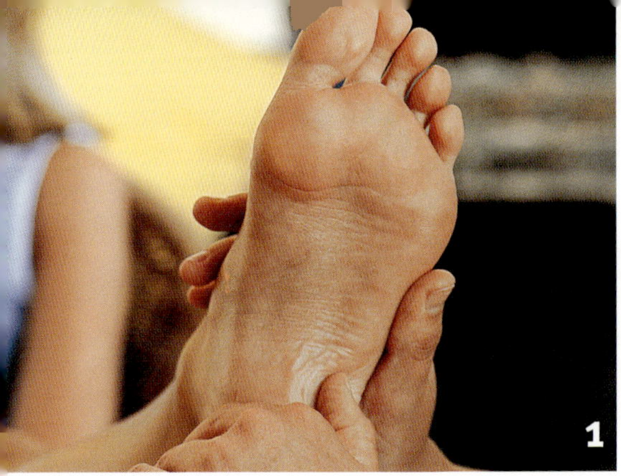
1

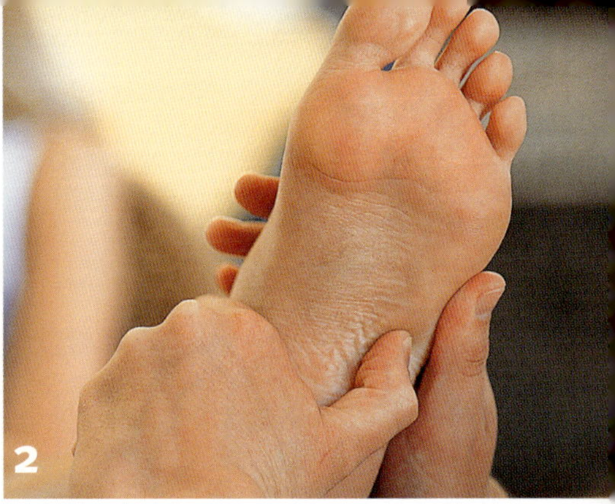
2

Techniken

Die meisten Reflexzonen und -punkte werden mit den Fingerspitzen und der Daumenkuppe und mit kräftigem Druck bearbeitet. Wenn Sie eine zweite Person behandeln, werden Sie bei einer Sitzung vermutlich alle der hier vorgestellten Methoden verwenden. Für die eigenen Füße sind kriechende Daumen- und Fingerbewegungen, Rotationen, Beugungen sowie Drehungen um einen Punkt immer am einfachsten.

Kriechende Daumen und Finger

Das raupenähnliche Kriechen mit dem Daumen (siehe 1 und 2) entsteht durch das Beugen des ersten Gelenks und das Vorwärtsschieben der Daumenkuppe. Auch das Fingerkriechen wird so ausgeführt (siehe 3 und 4). Daumen und Finger halten dabei immer Kontakt zur Haut, nur der Druck wird vor dem Weiterschieben verringert.

Kreisen auf einem Punkt

Halten Sie Daumen oder Zeigefinger auf einem Punkt (5) und kreisen Sie mit leicht erhöhtem Druck, um diesen Punkt zu aktivieren.

Drehen um einen Punkt

Halten Sie Ihre behandelnde Hand ruhig und verwenden Sie die andere Hand, um den Fuß drehend über den Daumen oder den Zeigefinger zu bewegen (6).

Beugen um einen Punkt

Wie das Drehen um einen Punkt, aber statt den Fuß zu drehen, beugen Sie ihn einfach auf den behandelnden Daumen zu (7). Langsam den Druck steigern und verringern.

Eindringen und zurückziehen

Verwenden Sie diese Technik, wenn Sie einen besonderen Reflexpunkt drücken wollen, der tief im Fuß liegt und schwer zu erreichen ist oder wenn Sie besonders präzise sein wollen. Halten Sie den Fuß so, dass die vier Finger der behandelnden Hand wie ein Gegenlager wirken und drücken Sie den Punkt mit der Daumenspitze. Halten Sie den Druck konstant und ziehen Sie den Daumen, ohne ihn dabei zu verschieben, so zurück, dass er sich gegen das tiefere Gewebe bewegt. Fünf Sekunden lang halten.

Eindringen

Die Technik des Eindringens wird auch ohne das Zurückziehen verwendet, wenn tiefe Reflexpunkte wie Leber- oder Milzpunkt behandelt werden sollen. Halten Sie den Druck fünf Sekunden lang und lassen Sie dann langsam los, bevor Sie den Daumen bewegen (8). Sie können mit dieser Technik beruhigend auf besonders empfindliche Zonen einwirken.

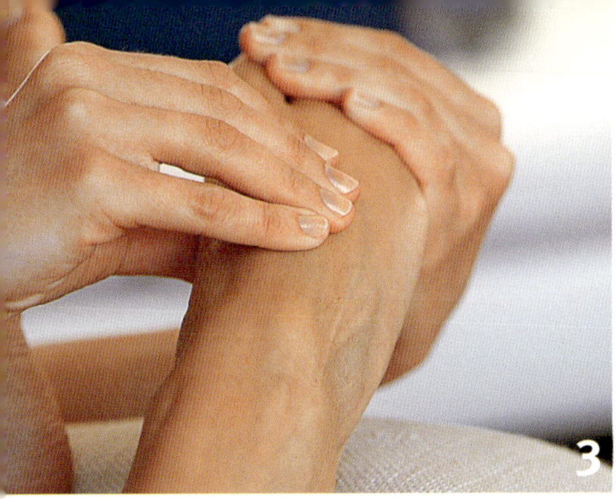
3

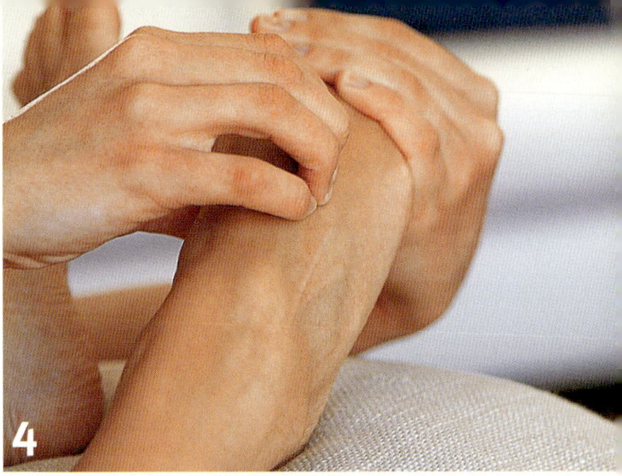
4

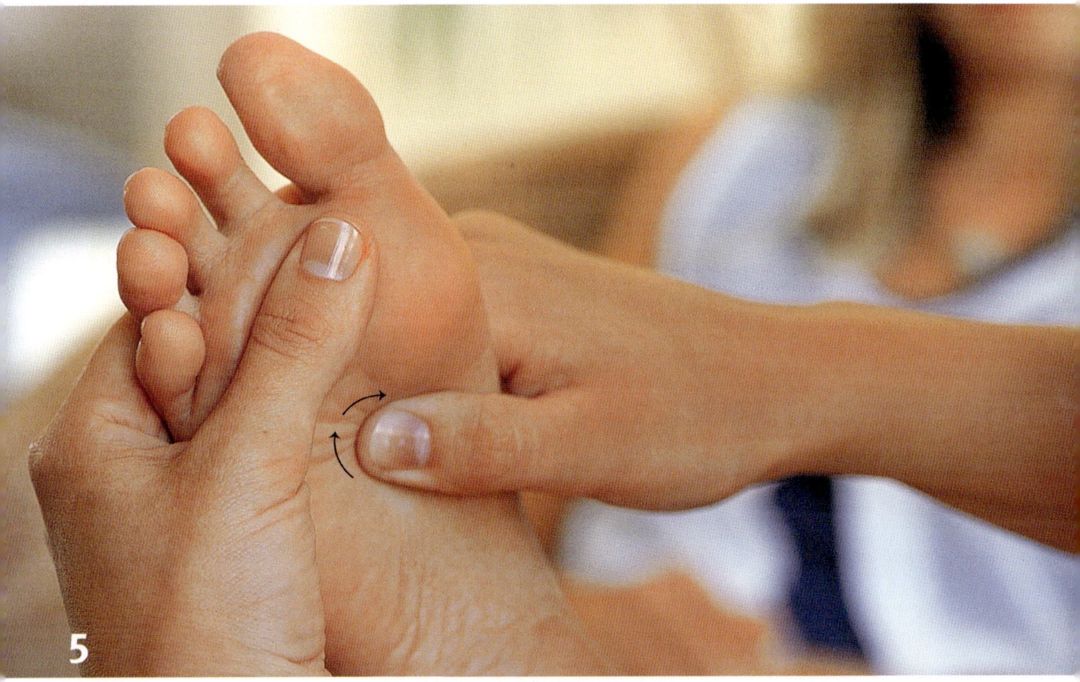
5

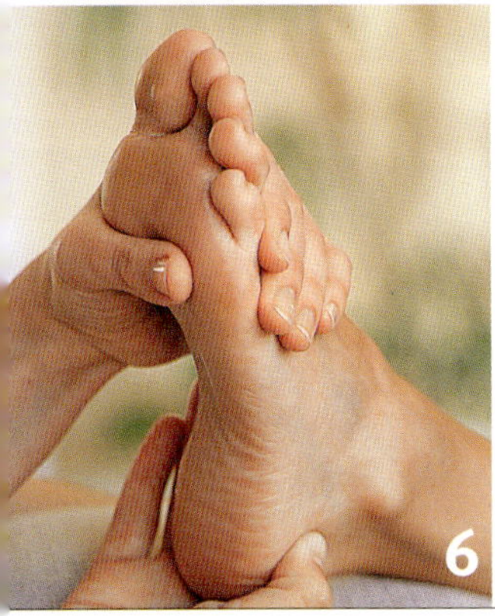
6

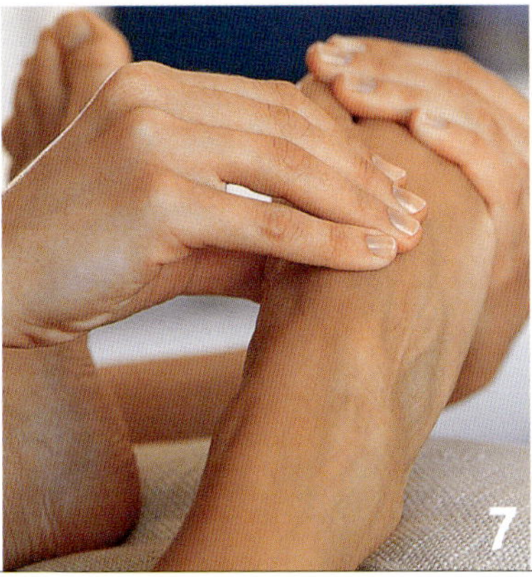
7

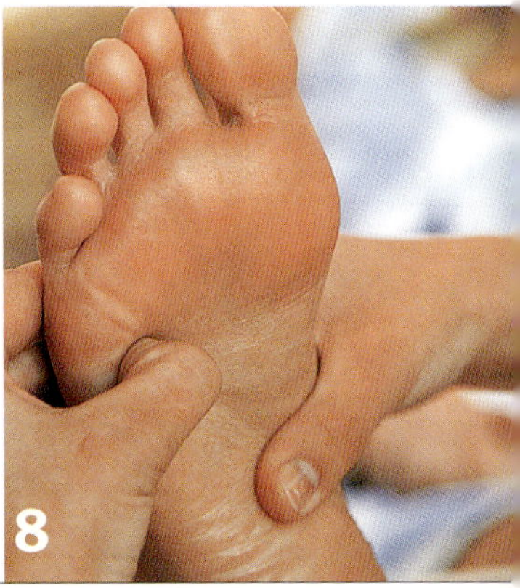
8

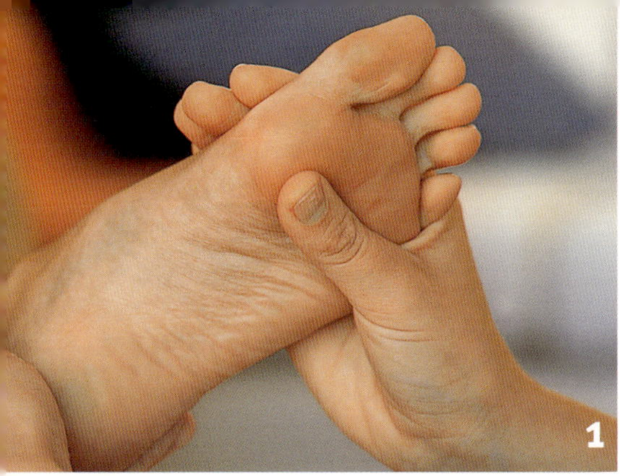

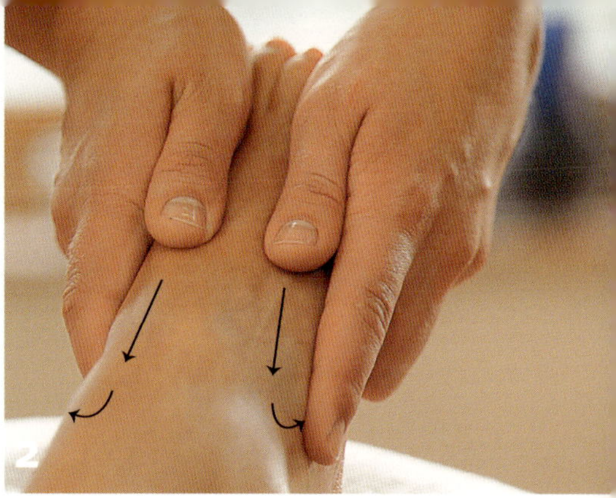

Vorbereitung

Ihr Ziel ist die Entspannung der behandelten Füße oder Hände, sodass Energie in ihnen fließen kann. Legen Sie zunächst Uhr und allen Schmuck ab, sodass Sie die Haut nicht verletzen. Halten Sie den Fuß sicher in der stützenden Hand, während Sie mit der behandelnden Hand arbeiten.

1 Halten Sie die Ferse in der unteren Hand, die andere Hand mit dem Daumen auf die Sohle legen. Kreisen Sie den Fuß in beide Richtungen.

2 Streichen Sie den Fuß mit beiden Händen kräftig aus – von den Zehen zum Knöchel und wieder zu den Zehen zurück.

3 Halten Sie den Fuß in beiden Händen und legen Sie die Daumen auf den Ballen. Streichen Sie mit den Daumen zu den Seiten hin mehrmals aus, um den Fuß zu öffnen.

4 Kriechen Sie mit Daumen und leicht gebeugten Fingern über den ganzen Fuß oder die ganze Hand, wobei Sie in kleinen Schritten vorgehen und die Fingerkuppen nicht vom Fuß lösen. Bewegen Sie sich über die ganze Länge und Breite des Fußes. Diese Technik steigert die Energie in allen fünf Zonen.

Egal, ob Sie sich selbst oder eine andere Person behandeln – Sie sollten ihre Finger immer vorwärts bewegen, also weg von Ihrem Körper. Das setzt Energie frei und bringt sie zum Fließen. Wenn Sie sich selbst behandeln, werden Sie bald herausgefunden haben, wie sie Hände und Füße bewegen müssen, um das zu ermöglichen.

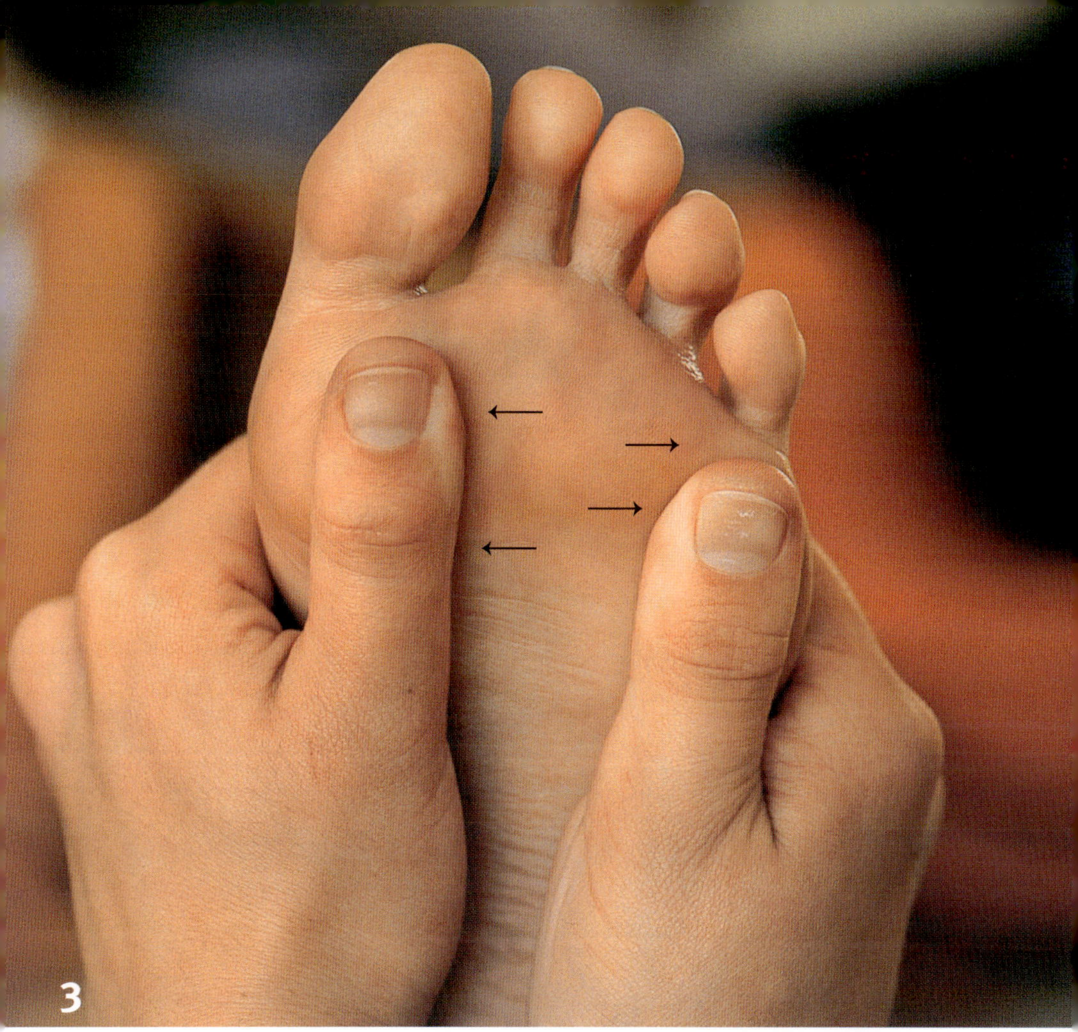
3

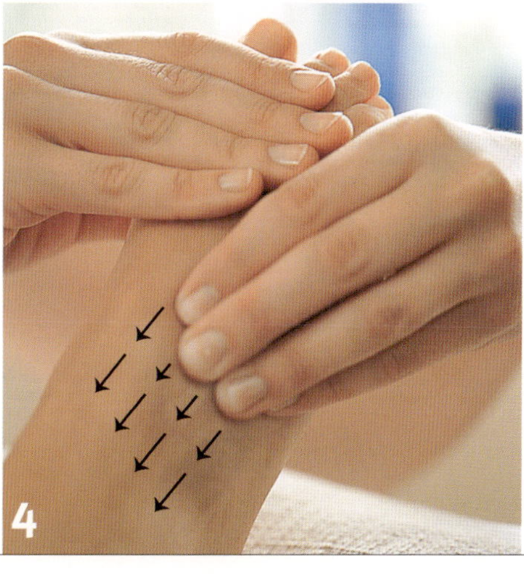
4

5 Kriechen Sie mit Daumen und Fingern in fünf Linien – jede für eine Zone – auf jeder Fußsohle von der Ferse zu den Zehen.

6 Behandeln Sie den direkt über dem Ballen liegenden Schultergürtel.

7 Behandeln Sie das Zwerchfell, das direkt unter dem Ballen liegt.

8 Bearbeiten Sie die Beckenzone, die genau an der Ferse liegt.

9 Kriechen Sie mit dem Daumen in verschiedenen Linien über die Ferse.

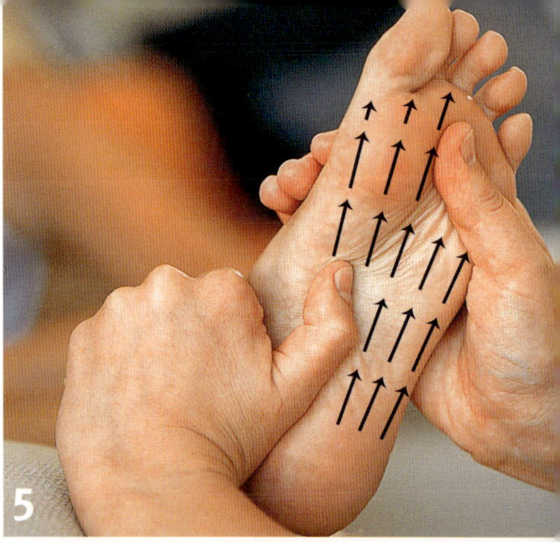

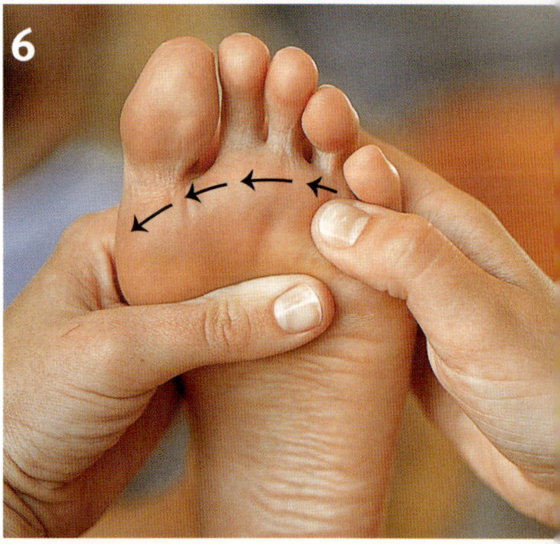

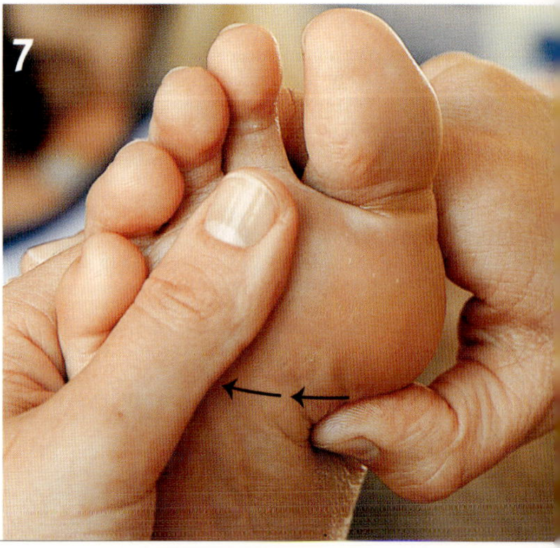

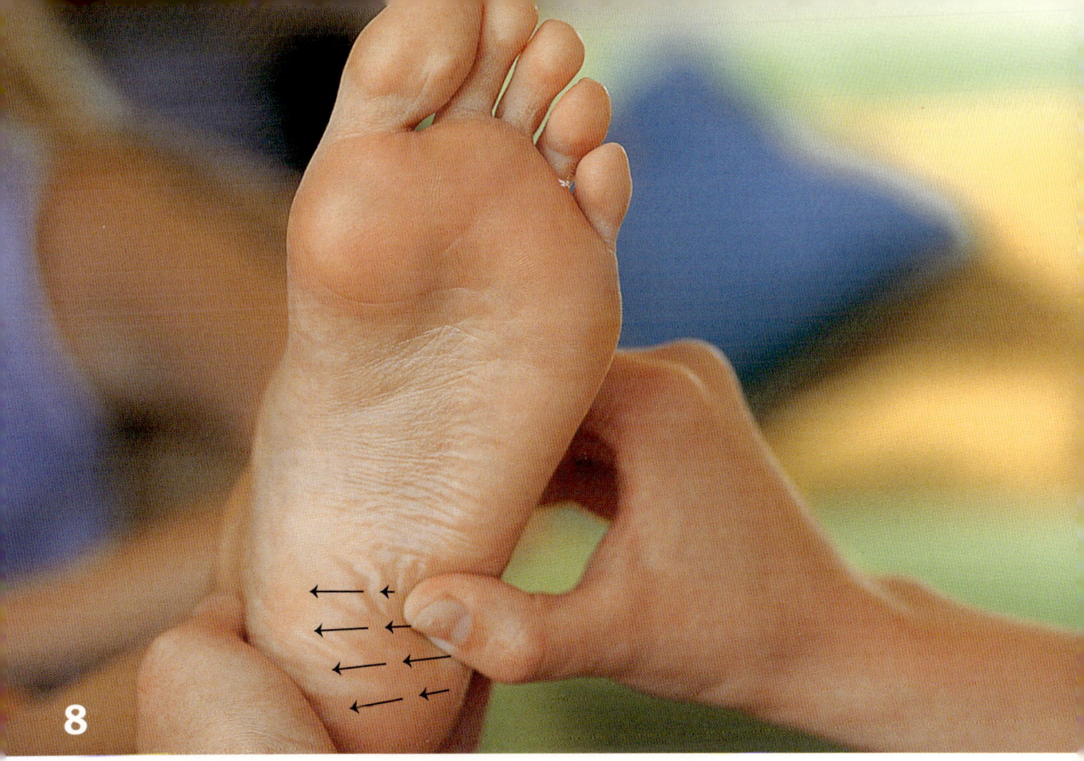
8

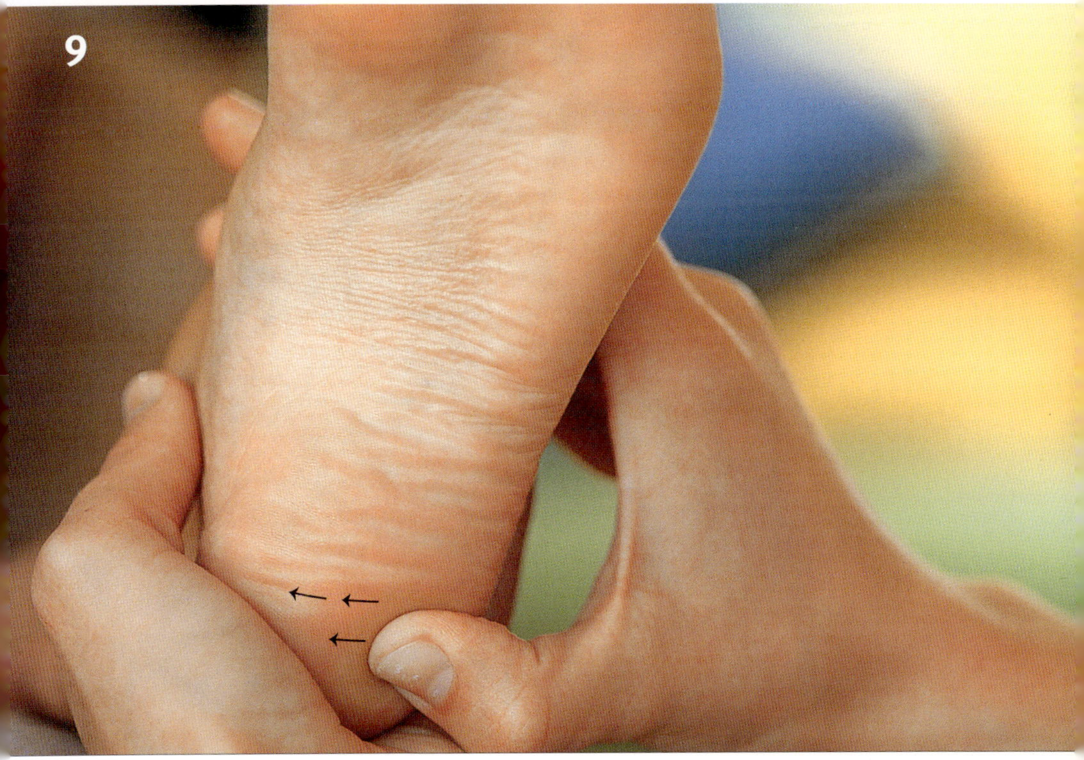
9

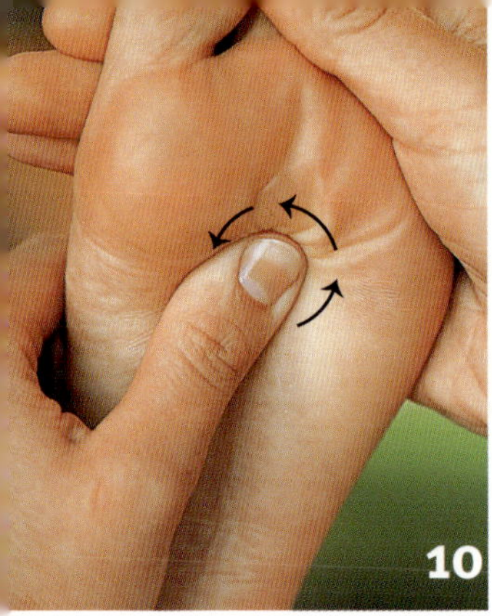
10

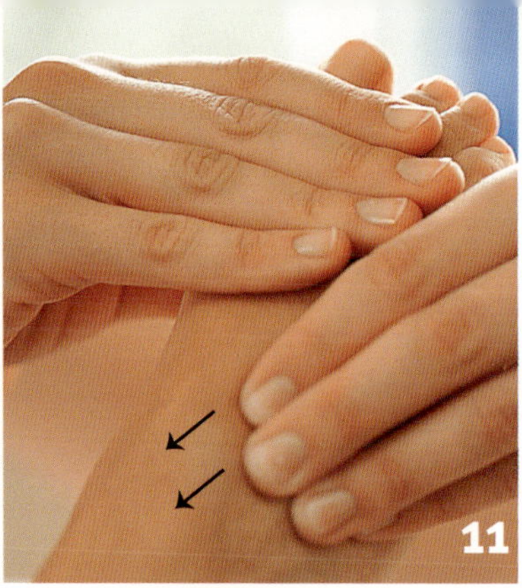
11

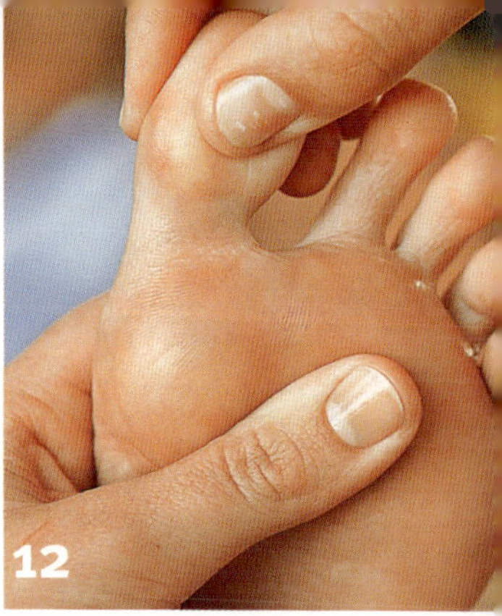
12

13

10 Halten Sie den Fuß in Ihrer Stützhand und kreisen Sie dabei mit dem anderen Daumen am Solarplexuspunkt. Er liegt genau in der Mitte des Fußes, dort am höchsten Punkt der Fußgewölbe, sodass der Daumen fast von selbst hineinrutscht. Vergessen Sie bitte nicht, danach einige lange Ausstreichungen über die gesamte Länge des Fußes vorzunehmen.

11 Wenn Sie sich selbst behandeln, sollten Sie den Fuß jetzt drehen. Kriechen Sie mehrfach mit Daumen und Fingern diagonal in beide Richtungen über die Oberseite. Halten Sie den Fuß ganz bequem und kreisen Sie dann einige Male in den Fußgelenken, um sie zu entspannen.

12 Kreisen Sie mit jedem Zeh und ziehen Sie zum Ende einmal fest, aber sanft an jedem Zeh, als ob Sie eine Kappe abziehen wollten.

13 Halten Sie den Fuß so fest zwischen beiden Händen, dass sie die Haut über den Knochen verschieben können, die Hände kreisen lassen. Sie können die untere Hand auch bequem mit dem Handrücken in die Fußwölbung schmiegen.

14 Ziehen Sie an jedem Zeh, kriechen Sie mit dem Daumen oben am Ballen unter den Zehen entlang, drücken Sie kräftig.

15 Massieren Sie die Zehenkuppen, also die fleischigen Teile der Unterseite und üben Sie dann mit Ihrem Daumen kreisenden Druck auf die Zehenspitzen aus. Gehen Sie auf beiden Seiten so vor, damit kein Ungleichgewicht entsteht.

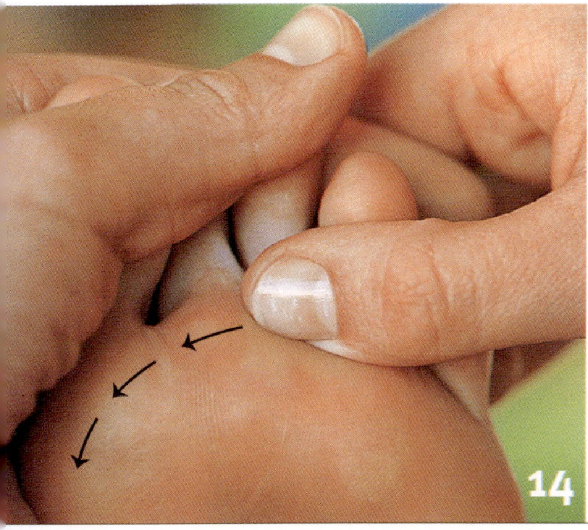

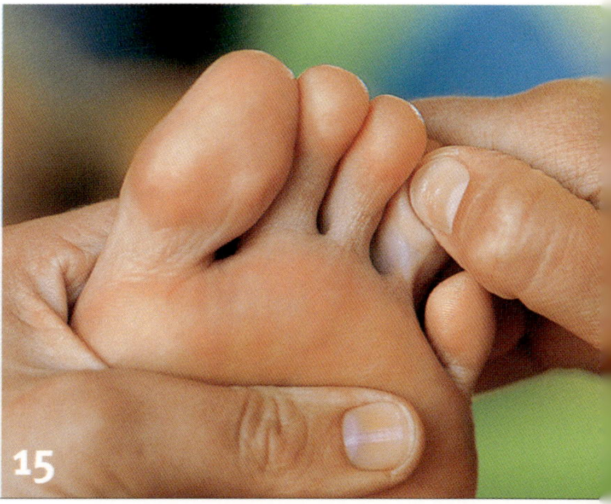

Handkarte

Die Hände werden in ganz ähnlichen Schritten behandelt. Lassen Sie Ihre Finger oder Daumen von den Handgelenken über die Handflächen zu den Fingerspitzen wandern, sodass jeder Finger behandelt wird. Finden Sie den Solarplexuspunkt, der ähnlich wie am Fuß liegt, und kreisen Sie mit dem Daumen auf ihm, während Sie die Hand mit der anderen Hand stützen. Gehen Sie dann auf der Rückseite von den Fingernägeln zum Handgelenk, kreisen Sie Handgelenk und Finger und ziehen Sie daran wie bei den Zehen. Gehen Sie dann diagonal hin und her wie beim Fuß.

Um die Zonen an den Händen zu bearbeiten, gehen Sie vor wie an den Füßen. Überprüfen Sie die Details genau in solchen Karten, die sowohl die spezifischen Reflexpunkte als auch die allgemeinen Organzonen in beiden Händen zeigen.

Wenn Sie sich selbst die Hände behandeln, können Sie die Hand natürlich nicht mit beiden Händen umschließen. Legen Sie sie stattdessen auf eine stabile Unterlage und kreisen Sie mit der anderen Hand in der Handfläche.

Besonders in Notfällen, wenn die Behandlung der Füße aus Zeit- oder Raumgründen einmal nicht möglich ist, eignet sich eine Behandlung der Hände gut. Auch wenn Sie unterwegs sind und unaufdringlich etwas für sich tun wollen, beispielsweise bei Reiseübelkeit, sind die Hände ideal dafür. Menschen, die eine körperliche Behandlung scheuen oder die hinsichtlich ihrer Füße gehemmt sind, können durch die Behandlung ihrer Hände eine ausgesprochen positive Wirkung erzielen. Eine Handreflexzonenmassage ist ein natürlicher, akzeptabler Weg für eine heilende Berührung.

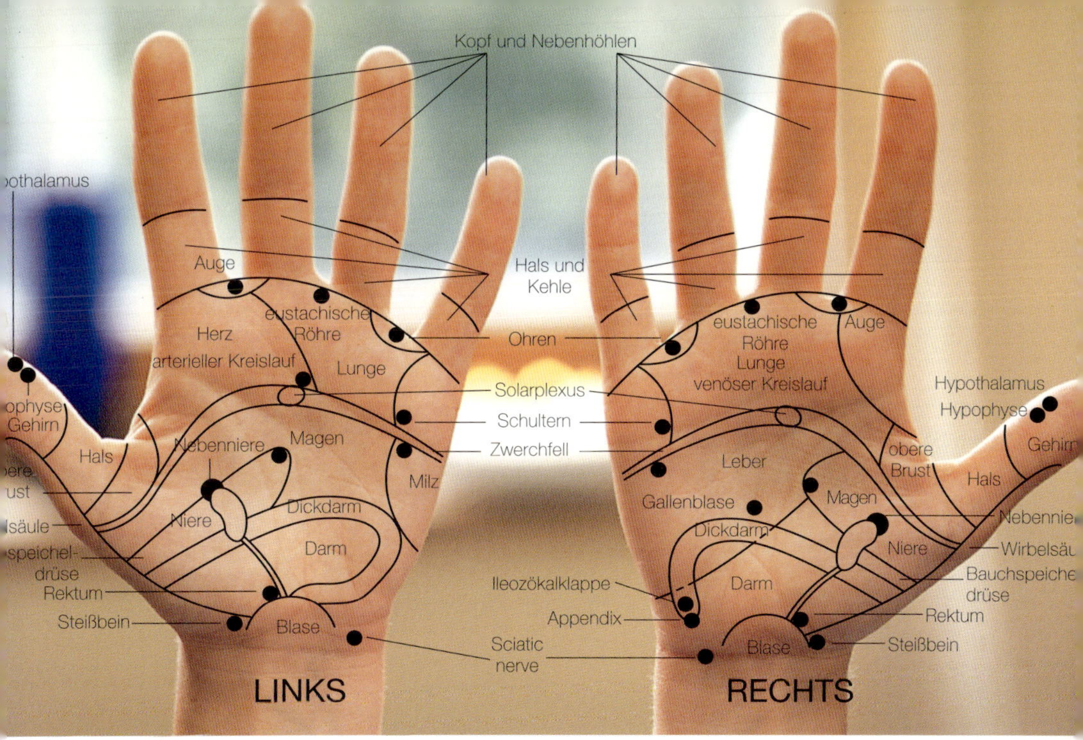
Kopf und Nebenhöhlen
Hals und Kehle
Auge
eustachische Röhre
Herz
arterieller Kreislauf
Lunge
Ohren
Solarplexus
Schultern
Zwerchfell
Hals
Nebenniere
Magen
Milz
Niere
Dickdarm
Darm
Rektum
Steißbein
Blase
Sciatic nerve
LINKS
eustachische Röhre Lunge venöser Kreislauf
Auge
Hypothalamus
Hypophyse
Leber
obere Brust
Hals
Gallenblase
Magen
Dickdarm
Niere
Darm
Ileozökalklappe
Appendix
Rektum
Blase
Steißbein
RECHTS

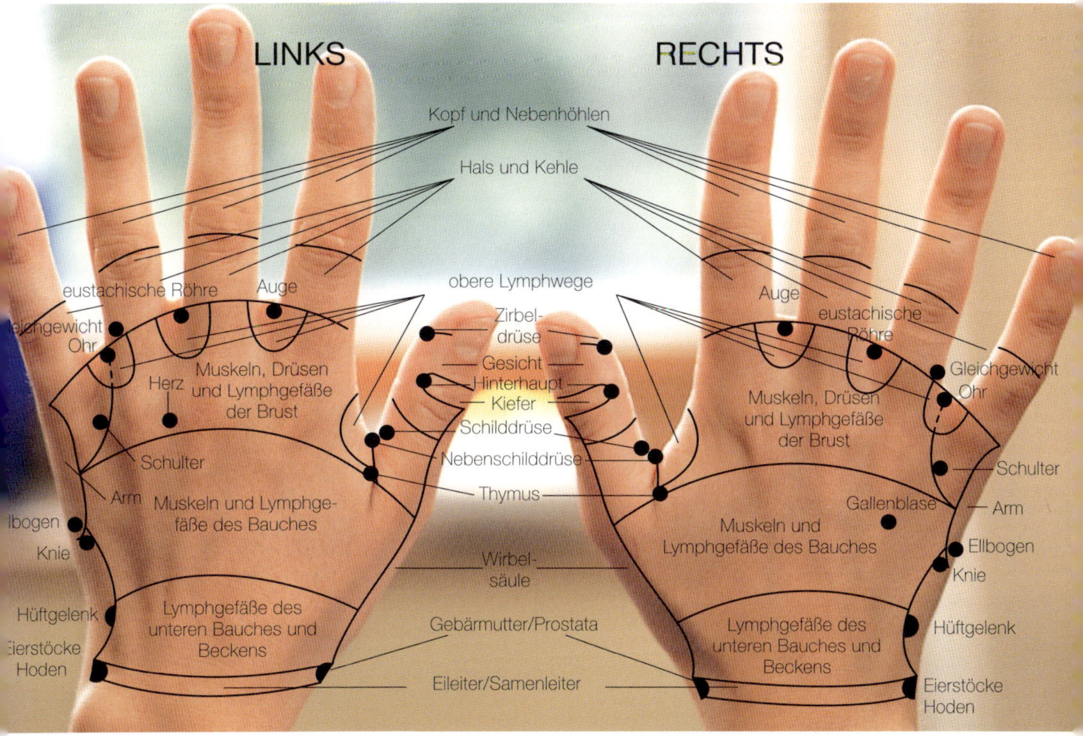
LINKS
RECHTS
Kopf und Nebenhöhlen
Hals und Kehle
eustachische Röhre
Auge
obere Lymphwege
Ohr
Herz
Muskeln, Drüsen und Lymphgefäße der Brust
Zirbeldrüse
Gesicht
Hinterhaupt
Kiefer
Schilddrüse
Nebenschilddrüse
Thymus
Schulter
Arm
Muskeln und Lymphgefäße des Bauches
Knie
Wirbelsäule
Hüftgelenk
Lymphgefäße des unteren Bauches und Beckens
Hoden
Gebärmutter/Prostata
Eileiter/Samenleiter
Auge
eustachische Röhre
Gleichgewicht
Ohr
Muskeln, Drüsen und Lymphgefäße der Brust
Schulter
Gallenblase
Arm
Muskeln und Lymphgefäße des Bauches
Ellbogen
Knie
Hüftgelenk
Lymphgefäße des unteren Bauches und Beckens
Eierstöcke Hoden

Die Reflexzonen

Die Lehre von den Reflexzonen teilt den Körper in zehn Zonen ein, von denen je fünf auf jeder Seite des Körpers liegen. Die Zonen erstrecken sich von den Zehenspitzen zum Kopf und von dort zu den Fingerspitzen. Jede beginnt an einem Zeh oder einem Finger oder Daumen, sodass alle Körperteile in einer Zone verbunden sind. Zone eins beginnt an den Seiten des Körpers jeweils an Daumen oder großer Zehe, Zone fünf an kleinem Finger oder kleiner Zehe, Zone drei beginnt am Mittelfinger oder an der mittleren Zehe.

Der ganze Körper ist so an jeder Hand oder jedem Fuß gespiegelt. Deshalb lohnt sich die etwas ausführlichere Beschäftigung damit. Die Repräsentation von zweiteiligen Organen ist sehr offensichtlich: Die rechte Niere oder der rechte Lungenflügel befinden sich am rechten Fuß oder in der rechten Hand. Andere Organe liegen ebenfalls am erwarteten Ort. Der Herzpunkt liegt links an Fuß oder Hand, da das Herz links von der Brustmitte zu finden ist; die Leber liegt rechts. Ein großer Teil der Magenregion liegt am linken Fuß, und nur eine kleine Magenzone findet sich am rechten Fuß, was die Lage des Magens, des Magenpförtners und des Zwölffingerdarmes im Bauch spiegelt.

Die Reflexzonenlehre ist keine exakte Wissenschaft, sodass die verschiedenen Karten leichte Unterschiede bezüglich der Lage der Organzonen und -punkte aufweisen können. Dieser Umstand lässt sich mit den persönlichen Erfahrungen der Therapeuten erklären, die zu unterschiedlichen Schlussfolgerungen kommen oder durch die Behandlung der Meridiane jeweils verschiedene Ergebnisse erzielen. Die Karten können also nur Hilfsmittel sein, und am sichersten ist es, immer jeweils den ganzen Fuß oder entsprechend die ganze Hand zu behandeln.

Manche Organe sind auch zweimal dargestellt, mit einem kleinen Reflexpunkt innerhalb einer

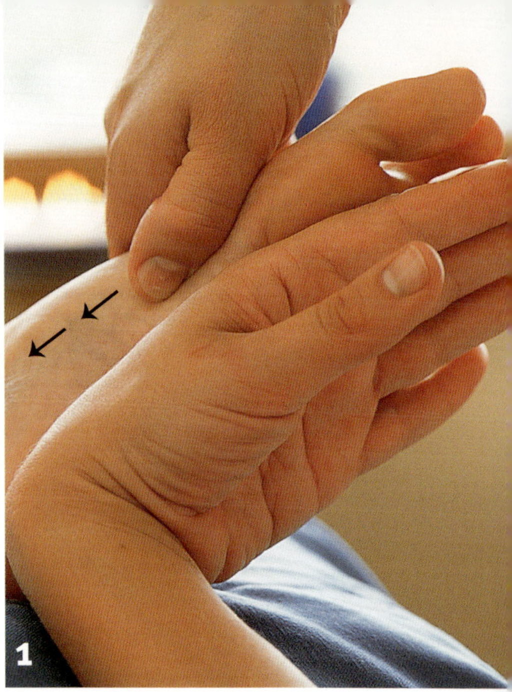

größeren, gleichnamigen Region, die nicht selten die Form des jeweiligen Organs hat. Das liegt daran, dass diese Organe bestimmte Reflexpunkte besitzen, die zur Anregung oder Beruhigung dieses Organs besser geeignet sind als die Arbeit an der Zone. Zur Behandlung gehört normalerweise Druck oder Eindringen am Reflexpunkt für etwa fünf Sekunden, ebenso wie das Streichen über die gesamte Zone mit dem Daumen oder Finger.

Zonen und Seiten

Ziehen Sie vier imaginäre Linien auf Ihrem Fuß, die an den Zehen beginnen und an der Ferse enden. Zone eins ist der Streifen am großen Zeh, Zone zwei liegt am zweiten Zeh und so weiter. Zum kleinen Zeh gehört Zone fünf.

Sie werden immer wieder auf die Begriffe "Innenseite" und "Außenseite" des Fußes stoßen. Stellen Sie sich dazu Ihren Fußabdruck vor: Die Innenseite liegt zwischen der großen Zehe und der Ferse, die Außenseite zwischen dem kleinen Zeh und der Außenseite der Ferse. Dasselbe gilt für die Hände: Die Innenseite liegt also auf der Daumenseite, die Außenseite beim kleinen Finger.

Denken Sie bitte daran, dass die Zehengelenke näher am Mittelfuß liegen und länger sind, als man von außen sieht. Beugen Sie die Zehen etwa eine Daumenbreite nach unten, um die Gelenke spüren zu können.

Vorwärtsbewegen

Arbeiten Sie immer nach vorne, also von sich weg (1). Denn die Reflexzonenbehandlung soll den Energiefluss erleichtern und Blockaden beseitigen, was nicht geht, wenn sie rückwärts auf sich zu arbeiten. Dies kann sogar zu einer Erschöpfung eigener Energien führen. Wenn Sie mit einem Schlauch ein Abflussrohr reinigen, richten Sie ihn ja auch von sich weg. Verändern Sie lieber ihre Position oder drehen Sie Hand oder Fuß, um das Arbeiten in die falsche Richtung zu vermeiden.

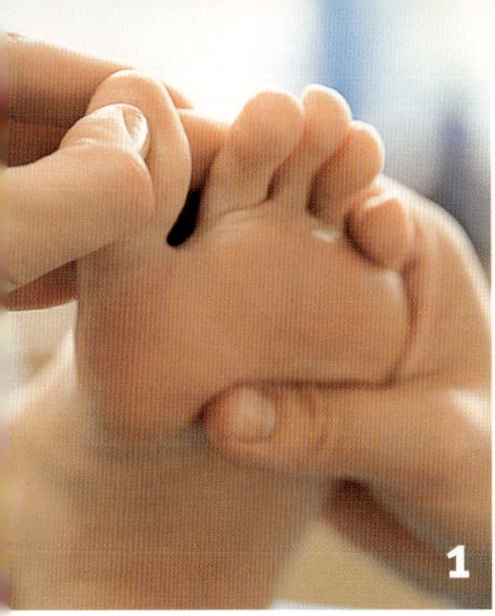

1

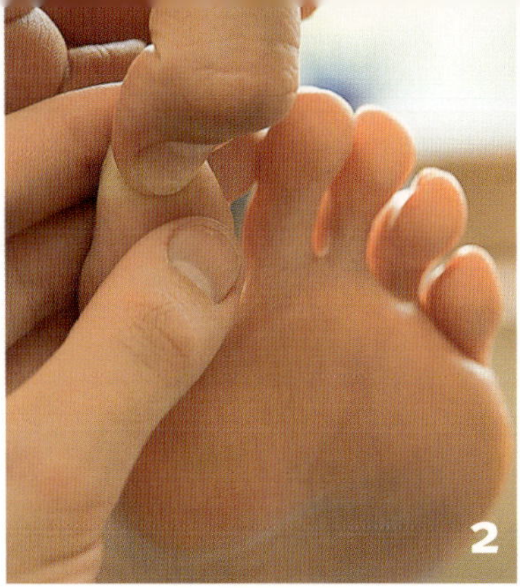

2

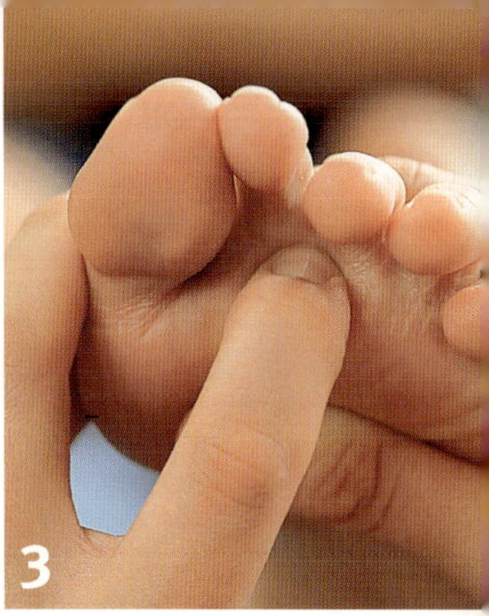

3

Kopf- und Nackenregion

Gehirn und zentrales Nervensystem liegen auf dem großen Zeh. Behandeln Sie alle Zehen, können Sie zusätzlich Gesicht und Drüsen, Muskeln und Sinnesorgane der Region beeinflussen. Bei solchen Beschwerden wie Kopfschmerzen, Migräne, Schlaflosigkeit, Stress, Ischialgie, Tinnitus, Problemen mit den Sinnesorganen (Augen, Ohren, Nase), Multipler Sklerose und Epilepsie sollten Sie sich auf diese Region konzentrieren.

Beginnen Sie, indem Sie Ihren Daumen mehrfach über die Kuppe der großen Zehe wandern lassen, bis Sie das ganze Gewebe dort bearbeitet haben. Tun Sie dasselbe mit dem Zeigefinger an der Vorderseite und den Seiten der großen Zehe. Vergessen Sie nicht, immer vom eigenen Körper weg zu arbeiten.

Der Nagel repräsentiert das Gesicht und die Haare; die Seiten sind die seitlichen kräftigen Hals- und Nackenmuskeln. Behandeln Sie sie also behutsam mit dem kriechenden Daumen und Finger, wenn Sie in der Nackenregion Probleme haben. Bleiben Sie nicht allzu lang an einer Stelle, um eine Überstimulation zu vermeiden. Gehen Sie über die Rückseite der großen Zehe, um so die Nackenmuskeln zu entspannen. Die Seiten und die Vorderseite unterhalb des Nagels werden mit dem Zeigefinger behandelt, um Zähne, Kiefer und Rachen zu erreichen.

Die Hypophyse, die die Hormonproduktion aller anderen Drüsen kontrolliert, liegt in der Hirnzone und hat einen Punkt genau in der Mitte der Kuppe des großen Zehs. Halten Sie den Fuß in der stützenden Hand, legen Sie die vier Finger als Hebel hinter die groß Zehe und dringen Sie mit dem Behandlungsdaumen in den Hypophysenpunkt ein (1). Nicht kneifen!

Nach fünf Sekunden wechseln Sie den Daumen und drücken den Punkt des Hypothalamus, einer weiteren wichtigen Drüse. Er liegt etwas über dem Hypophysenpunkt (2). Wenn Sie die Abgrenzung schwierig finden, dann drücken und kreisen Sie einfach die gesamte Region, um beide Punkte zu behandeln.

Unmittelbar am Ansatz des großen Zehs liegt am Ende des Fußes der Schilddrüsenpunkt. Dringen Sie mit dem Zeigefinger ein und drücken Sie ihn fünf Sekunden lang. Um die zwischen großem und zweitem Zeh gelegene Nebenschilddrüse anzuregen, drücken Sie diese Schwimmhaut fest, aber sanft und halten den Druck etwa fünf Sekunden lang.

Am unteren, inneren Winkel der Kuppe der großen Zehe liegt der Punkt der Schädelbasis, der Knochenkante des Hinterhaupts. Diesen sollten Sie massieren, wenn Sie Spannungskopfschmerzen oder Nackenschmerzen haben.

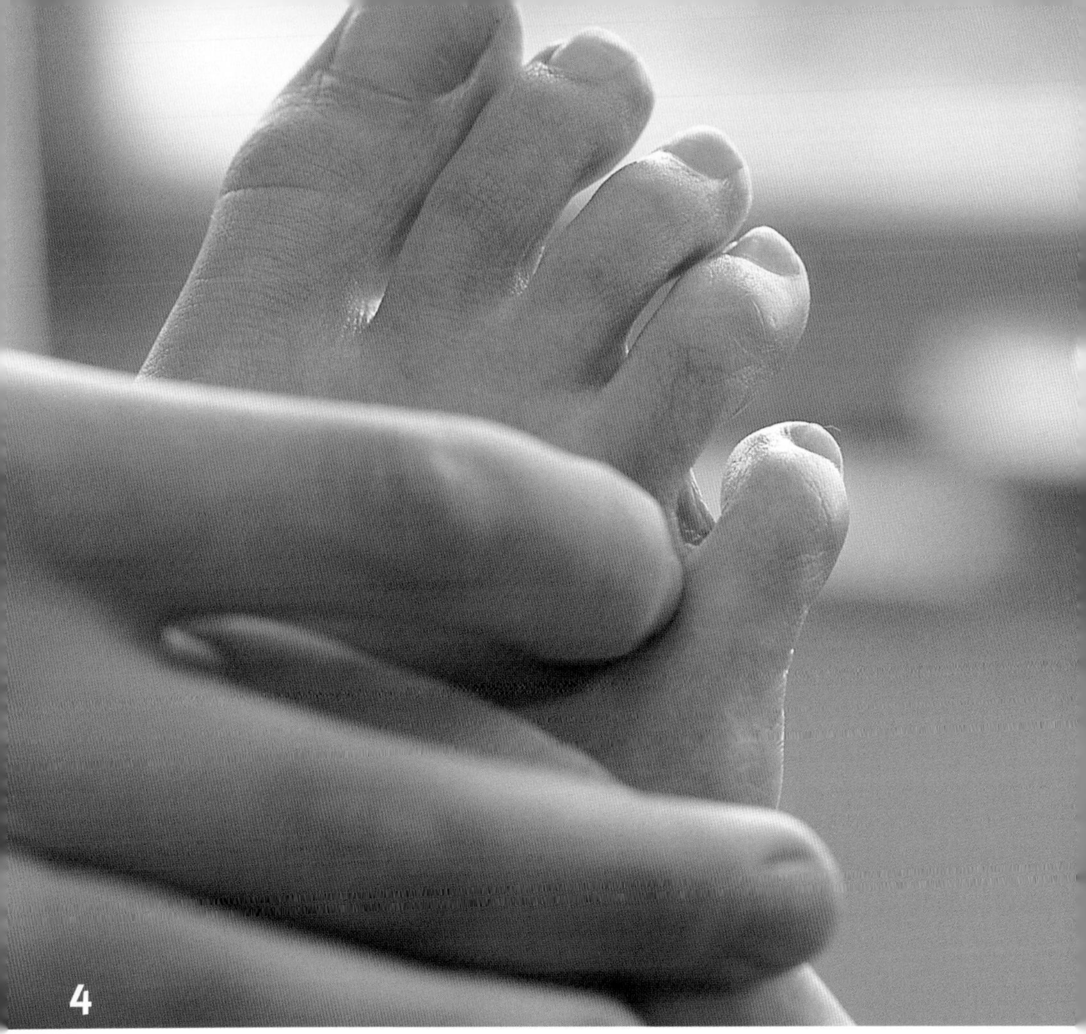

4

Ziehen Sie eine imaginäre Linie zwischen der Hypophyse und der Schädelbasis, also von der Mitte zur inneren, unteren Kante der Kuppe des großen Zehs, so finden Sie in der Mitte der Linie den Punkt der Zirbeldrüse. Sie hilft beim Einschlafen. Dringen Sie an diesem Punkt mit kräftigem, gleich bleibendem Daumendruck ins Gewebe ein und halten Sie den Druck fünf Sekunden lang.

Behandeln Sie die Augen (linkes Auge am linken Fuß, rechtes Auge am rechten Fuß), indem Sie die weichen Stellen zwischen und unterhalb der zweiten und dritten Zehe drücken und mit der anderen Hand gegenhalten (3). Halten Sie den Druck drei bis fünf Sekunden lang. Ist das zu intensiv, lösen Sie den Druck zwischenzeitlich. Die Ohren befinden sich an derselben Stelle zwischen und unterhalb der vierten und fünften Zehe.

Kriechen Sie mit dem Finger an der Vorder- und Rückseite und den Seiten aller Zehen außer dem großen Zeh auf und ab. Das stimuliert die Lymphdrüsen und den Lymphfluss in den Nebenhöhlen.

Drehen Sie den Fuß dann, um die Oberseite zu behandeln, und drücken Sie den Gleichgewichtspunkt an der Wurzel des vierten Zehs, direkt neben dem fünften Zeh (4). Beenden Sie die Sitzung, indem Sie den Fuß ausstreichen.

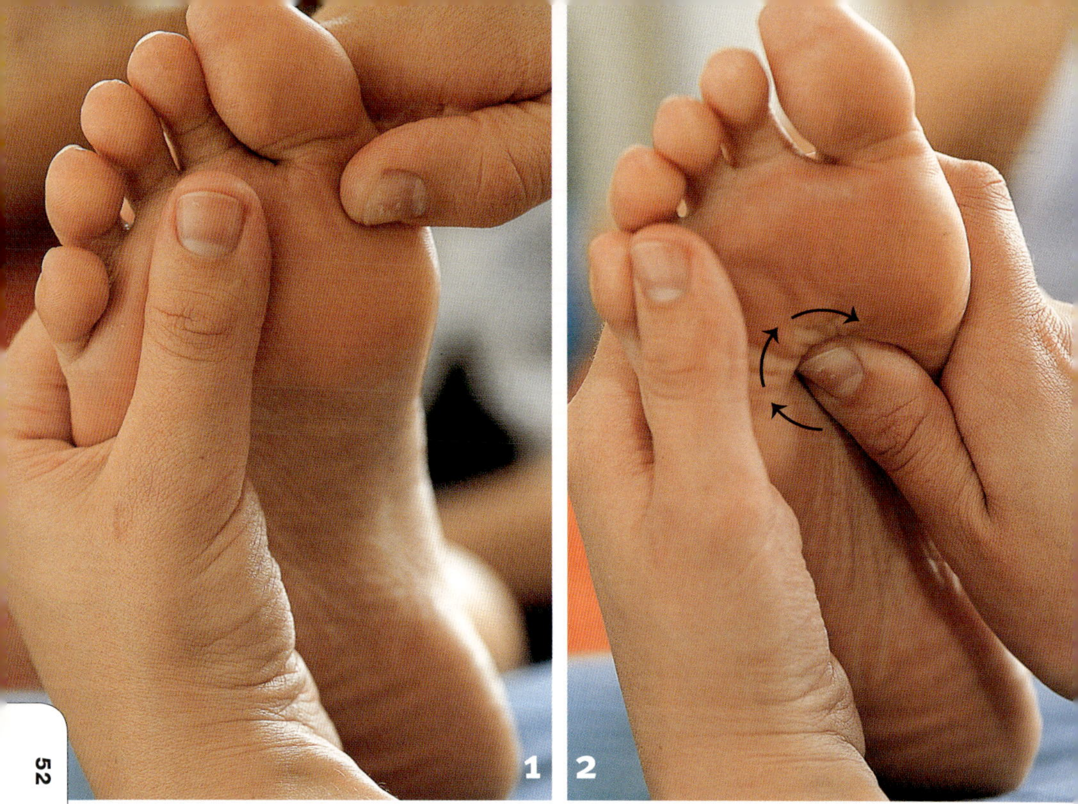

Brustregion

Quer über die Fußballen erstrecken sich die Zonen der Atemwege (zuständig für Asthma, Bronchitis, Emphysem, Heuschnupfen und Allergien) und des Herzkreislaufsystems (Herzprobleme und Kreislaufstörungen wie Angina pectoris, erhöhter Blutdruck, Krampfadern, kalte Hände).

Halten Sie den Fuß in einer Hand, ziehen Sie eine imaginäre Linie von einem Punkt zwischen dem großen und dem zweiten Zeh über den Ballen. Sie repräsentiert die Speise- und Luftröhre. Kriechen Sie mit den Daumen diese Linie auf und ab und lassen Sie am Ende den Daumen der stützenden Hand auf dieser Linie liegen. Mit dem anderen Daumen wandern Sie horizontal vom knochigen Ende des Fußes über den Ballen bis unter den großen Zeh, wodurch Sie Zone eins behandeln (siehe 1), zuständig für die Nerven des Herzens, der Lunge und der Brustregion.

Wenn möglich wechseln Sie nun die Hände, um den Energiefluss weiter in die richtige Richtung lenken zu können. So bearbeiten Sie am unteren Ende des Fußballens die gesamte Linie mit dem kriechenden Daumen, damit sich das Zwerchfell entspannt. Wechseln Sie wieder die Hände und arbeiten Sie in die umgekehrte Richtung zurück.

Massieren Sie nun den zentralen Punkt, den Solarplexuspunkt (2), mit Daumenkreisen. Zwerchfell und Solarplexus sind vor allem bei stressbedingten Beschwerden wichtig.

Wechseln Sie nun nochmal die Hand (damit Sie sicher von Ihrem Körper weg arbeiten) und kriechen Sie mit dem Daumen zurück über den

Ballen, um den Kreislauf anzuregen. Die Venen sind auf dem rechten, die Arterien auf dem linken Fuß repräsentiert. Arbeiten Sie wiederholt hin und her über den gesamten Fußballen, immer von der Außenseite (unter dem kleinen Zeh) zur Innenseite.

Um die Bronchien zu behandeln, also die Verzweigungen der Luftröhre in der Lunge, die sich bei einem Asthmaanfall verkrampfen, wandern Sie mit dem Daumen in Zone zwei vom unteren Ballenrand nach oben. Bearbeiten Sie in mehreren Linien die gesamte Region und setzen Sie dann die Massage in den Zonen zwei und drei fort, um die Lunge zu behandeln (Zone fünf entspricht dem Arm und der Schulterregion).

Am linken Fuß kriechen Sie mit dem Daumen über die Zonen zwei bis vier am Ballen, um das Herz zu stärken. Den Herzpunkt finden Sie am unteren Rand des Ballens in der Verlängerung des vierten Zehs. Kneifen Sie ihn, indem Sie neben der Zwerchfelllinie mit dem Daumen von der Fußsohle her nach oben und in Richtung des fünften Zehs drücken und mit dem Zeigefinger auf der Oberseite des Fußes dagegenhalten (3). Halten Sie den Druck fünf Sekunden lang, um Spannungen zu lösen. Ist der Punkt empfindlich, lassen Sie ihn langsam los.

Die Thymusdrüse liegt auf halber Höhe neben der Linie der Speiseröhre auf dem Ballen. Halten Sie die Innenseite des Fußes mit flacher Hand, dringen Sie am Punkt in Richtung Knochen der großen Zehe vor und ziehen Sie das Gewebe leicht zurück (4). Fünf Sekunden halten.

Auf der Oberseite der Füße befindet sich unterhalb der Zehen die etwa 25 Millimeter lange Zone der Brüste, die sich fast über die ganze Breite des Vorderfußes erstreckt. Bearbeiten Sie die ganze Region der Brust und Achselhöhle mit allen vier Fingern, indem Sie damit horizontale, sich gegenseitig überlagernde Linien ziehen.

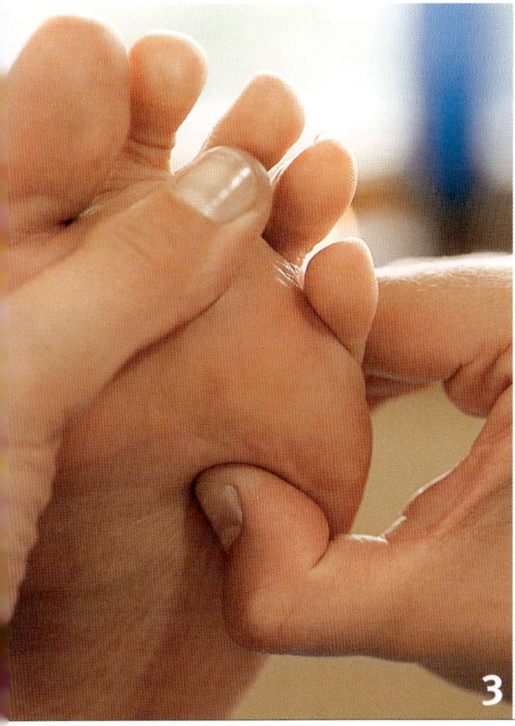

3

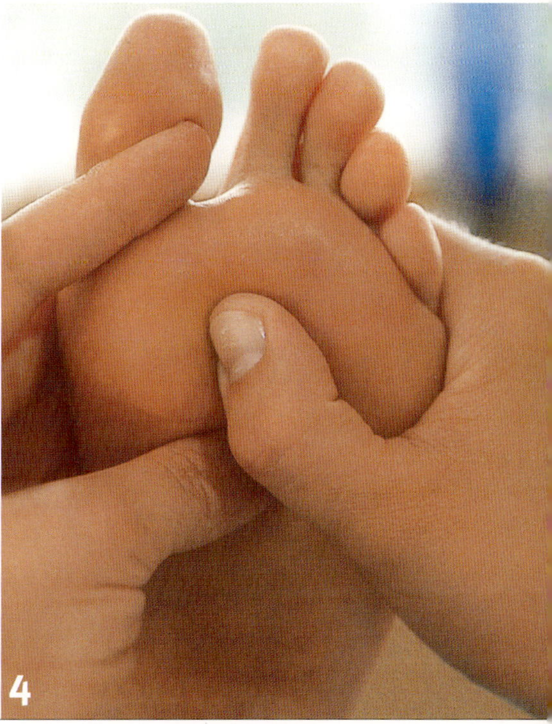

4

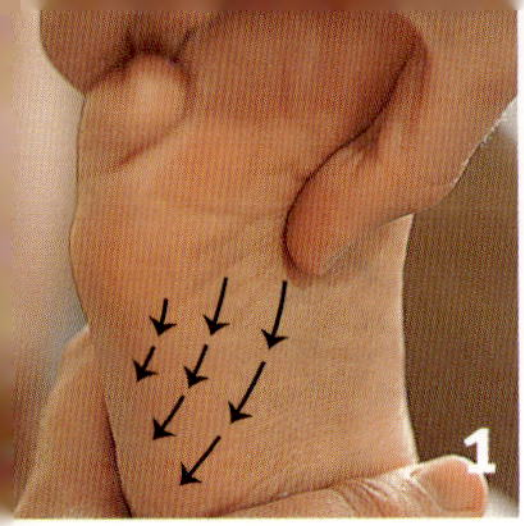

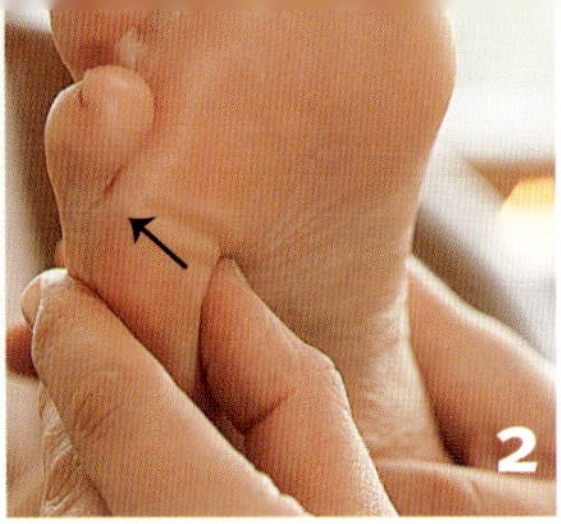

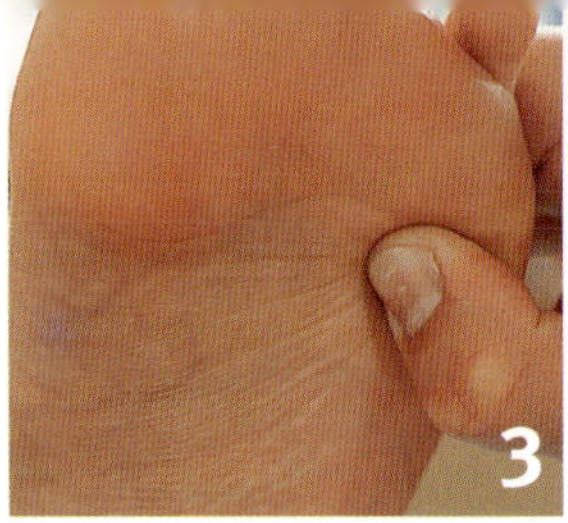

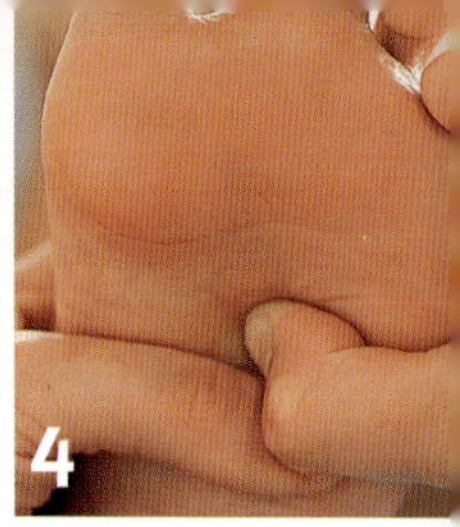

Bauch, Verdauungs- und Ausscheidungsorgane

Diese Zone liegt unterhalb des Ballens. Viele lebenswichtige Organe sind hier repräsentiert, darunter fast das ganze Verdauungssystem. Sie können also beinahe alle Organe behandeln, indem Sie an beiden Füßen die Zonen vor und zurück massieren. Wenn Sie die Region an der höchsten Stelle halbieren, finden Sie die Taille, die eine gute Orientierung bietet, um die einzelnen Organe zu lokalisieren. Gehen Sie dabei nach folgendem Schema vor, um genau zu arbeiten.

Die Leber behandeln Sie, indem Sie am rechten Fuß diagonal in beide Richtungen mit dem Daumen die dreieckige Zone bearbeiten, die sich von unterhalb des Zwerchfells neben der Speiseröhre bis zum kleinen Vorsprung des Ellbogens an der Außenseite erstreckt (1). Der Leberpunkt liegt unter dem Zwerchfell; drücken Sie das Gewebe kräftig in Richtung des fünften Zehs (2).

Die Milz liegt ähnlich gelagert am linken Fuß, sie bedeckt aber nur die Zonen drei, vier und fünf. Der Milzpunkt liegt ebenfalls unter dem Zwerchfell und wird immer mit dem eindringenden Daumen in Richtung des fünften Zehs behandelt (3).

Der Magen liegt zum Großteil am linken Fuß; nur ein kleiner Teil liegt zusammen mit dem Zwölffingerdarm und dem Magenpförtner am rechten. Behandeln Sie die Region von der Mitte des rechten Fußes ausgehend nach unten auf einer Linie zwischen Zone zwei und drei mit kriechenden und kreisenden Bewegungen. An beiden Füßen die Magenregion horizontal bearbeiten.

Die Bauchspeicheldrüse liegt unter dem Magen; ihr Punkt befindet sich am linken Fuß in der dritten Zone genau unter dem Magen, etwas oberhalb der Taillenlinie.

Der Gallenblasenpunkt liegt am rechten Fuß und ist sehr leicht mit einem kneifenden Griff zu behandeln. Der Zeigefinger liegt dabei auf dem Fußspann unter dem vierten Zeh, der Daumen dringt unter dem dritten Zeh etwas oberhalb der Taillenlinie ins Gewebe der Sohle ein (5). Arbeiten Sie hier diagonal vor und zurück, immer von Ihrem eigenen Körper weg.

Kriechen Sie dann mit dem Daumen in der Dünndarmregion auf, ab und hin und her. Sie erstreckt sich an beiden Füßen als etwa 25 Millimeter breiter Streifen über die ganze Breite der Fußwölbung oberhalb der Ferse und unterhalb der Taille. Sie repräsentiert die vielen Meter des Darms und sollte gründlich bearbeitet werden.

Um den Dickdarm am rechten Fuß zu behandeln, beginnen Sie in Zone vier genau über der Ferse. Drücken Sie etwa fünf Sekunden lang kräftig die Punkte der Bauhin-Klappe und des Appendix und kriechen Sie mit dem Daumen Richtung Taillenlinie. Folgen Sie dabei immer dem Darmverlauf und behandeln Sie dabei zuerst den aufsteigenden Dickdarm Richtung Taille (6), dann den querliegenden Dickdarm in horizontaler Linie Richtung Fußinnenkante (7).

Hier können Sie wählen, ob Sie den Fuß wechseln oder am rechten Fuß weitermachen wollen.

Manche ziehen es vor, den Dickdarm in einem Rutsch zu bearbeiten. In diesem Fall müssen Sie jetzt am anderen Fuß weitermachen, denn der Dickdarm liegt in beiden Seiten der Bauchhöhle. Drücken Sie die Innenkanten der Füße zusammen und beginnen Sie in Zone eins des linken Fußes mit den kriechenden Daumenbewegungen, die Sie quer über den Fuß bis Zone fünf fortsetzen.

Wechseln Sie dann die Hand, um Richtung Ferse zu kriechen und dabei den absteigenden Dickdarm zu massieren (8). Ändern Sie vor dem Fersenpolster noch einmal die Richtung und bewegen Sie den Daumen Richtung Innenkante, sodass der Sigmoid erreicht wird.

Zum Schluss kreisen und drücken Sie den an der Innenseite der Ferse liegenden Rektumpunkt (19) mit dem inneren Daumen. Massieren Sie die Region des Beckenbodens und der Gesäßmuskeln, indem Sie über die Fersen wandern. Sie können die zweite Hälfte des Dickdarms auch bearbeiten, nachdem Sie den Dünndarm am linken Fuß behandelt haben.

Die Richtung wechseln

Wenn Sie nicht sehr beweglich sind und besonders wenn Sie sich selbst behandeln, müssen Sie, um immer von Ihrem Körper weg zu arbeiten, vermutlich mehrmals die Fußstellung ändern. Behandeln Sie eine zweite Person, müssen Sie bei Bedarf die Hände wechseln, um bequem zu arbeiten. Bleiben Sie mit Ihrer stützenden Hand immer aktiv.

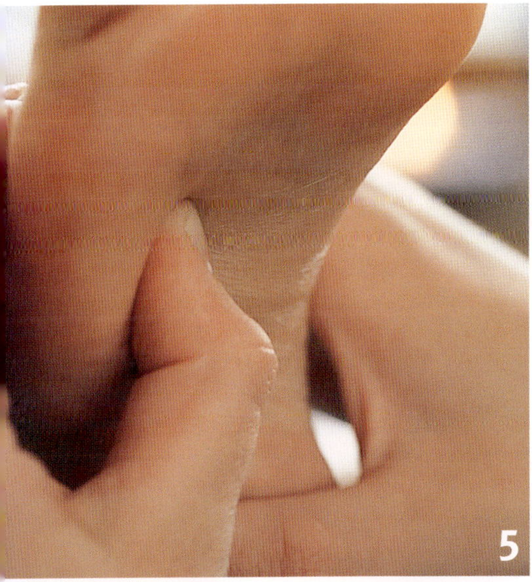
5

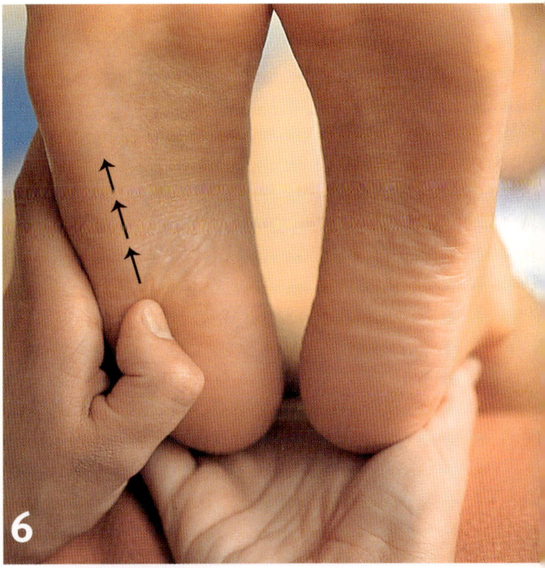
6

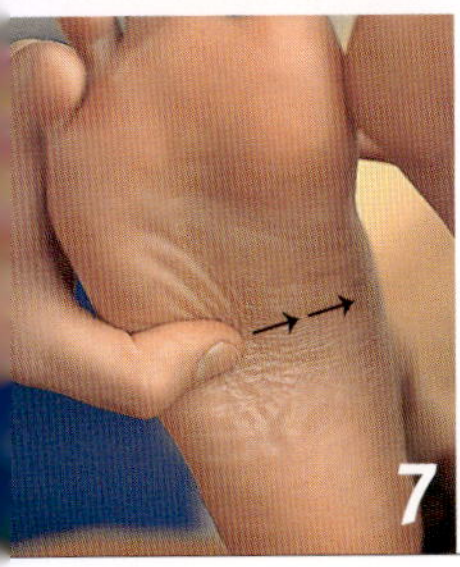
7

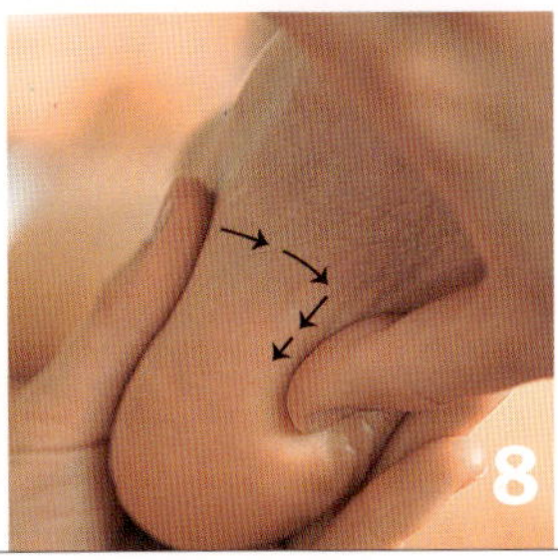
8

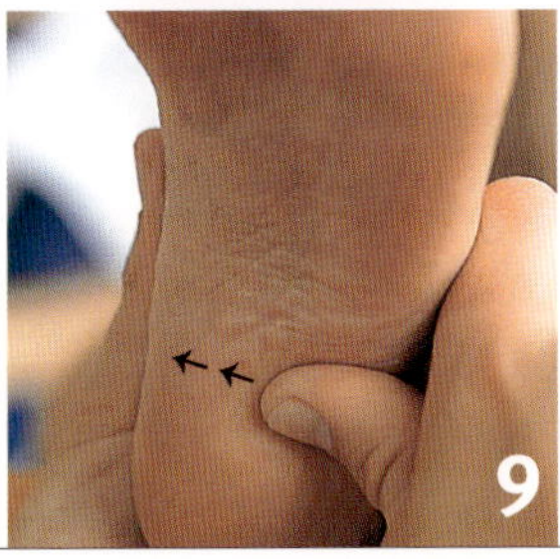
9

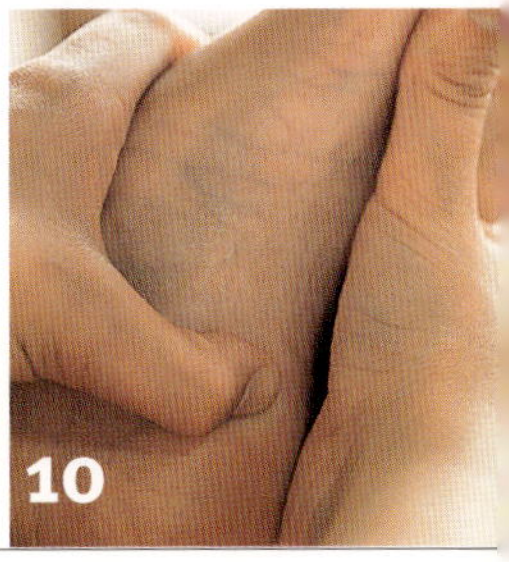
10

Harnwege und Fortpflanzungsorgane

Die Blase ist als leicht verdickte, etwa münzgroße Region an der Innenkante des Fußes oberhalb der Ferse zu ertasten (1). Wandern Sie mit dem Daumen in fächerförmiger Bewegung darüber. Wandern Sie dann vom Zentrum der Blase aus in Richtung der Fußmitte (Sie spüren dabei gut die Strecksehne im Fuß), drehen Sie den Daumen dann zu den Zehen und wandern Sie auf der Linie der Harnleiter (2) bis zu den Nieren. Halten Sie den Fuß mit der stützenden Hand gut fest.

Die Nieren liegen in Zone zwei auf Höhe der Taillenlinie. Die Nebennieren sitzen auf und etwas hinter den Nieren am Rand von Zone eins und sind schwierig zu greifen. Drücken Sie die Nierenregion mit Ihrem Arbeitsdaumen kräftig in Richtung der Zehen und halten Sie den Druck. Mit dem zweiten, zur Ferse gerichteten Daumen drücken Sie nun den Punkt der Nebenniere (3), während Sie den Nierenpunkt loslassen. Die ganze Region ist sehr oft empfindlich und energetisch überlastet. Streichen Sie sie deshalb nach dem Drücken kräftig Richtung Ferse aus.

Die Fortpflanzungsorgane finden Sie immer an der Fußkante zwischen dem Ende der Ferse und dem Knöchel. Wandern Sie mit allen vier Fingern über das weiche Gewebe an der Fersenseite zum Knöchel. Wenn Sie sich selbst behandeln, drehen Sie den Fuß, um immer vorwärts zu arbeiten. Den Punkt der Gebärmutter/Prostata finden Sie in der Mitte zwischen dem Knöchel und der Rückseite der Ferse (4). Halten Sie die Ferse in der stützenden Hand und drücken Sie diesen Punkt kräftig mit dem Daumen. Die Stützhand kann nun den Fuß zum Daumen hin kreisen lassen. So können Sie den Druck an diesem empfindlichen Punkt nach Bedarf dosieren.

Die Eileiter beziehungsweise die Samenleiter verlaufen über dem Fuß von Knöchel zu Knöchel. Dieses Band verbindet den Gebärmutter-/Prostatapunkt auf der Innenseite mit dem Punkt der Eierstöcke/Hoden an derselben Stelle auf der Außenseite. Verwenden Sie zwei Finger, um diese Region von innen nach außen zu massieren. Zum Schluss den Punkt der Eierstöcke/Hoden erst mit dem Daumen massieren, dann kräftig drücken.

1

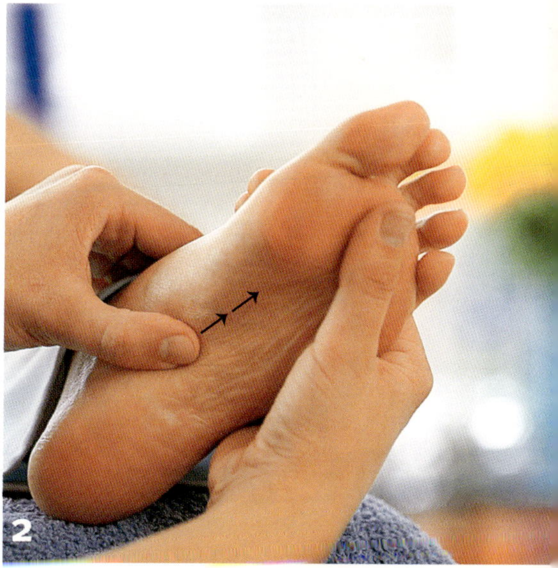
2

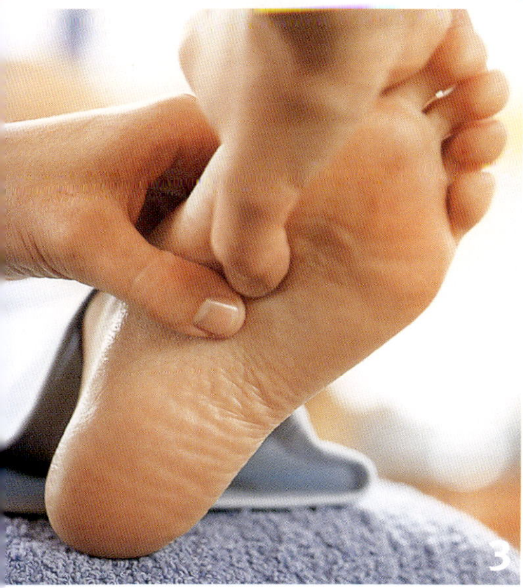
3

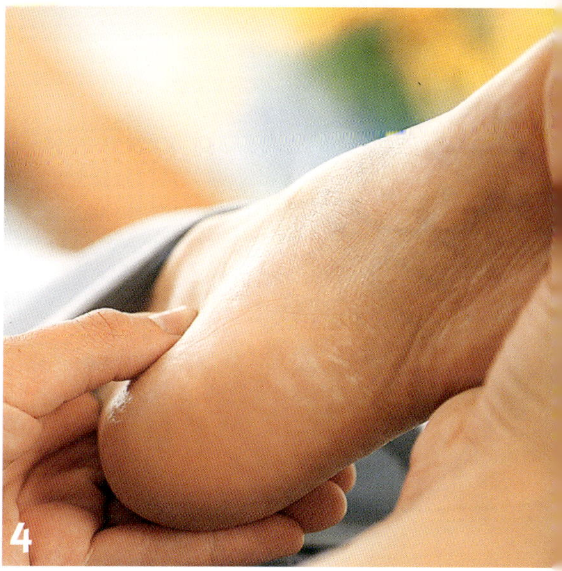
4

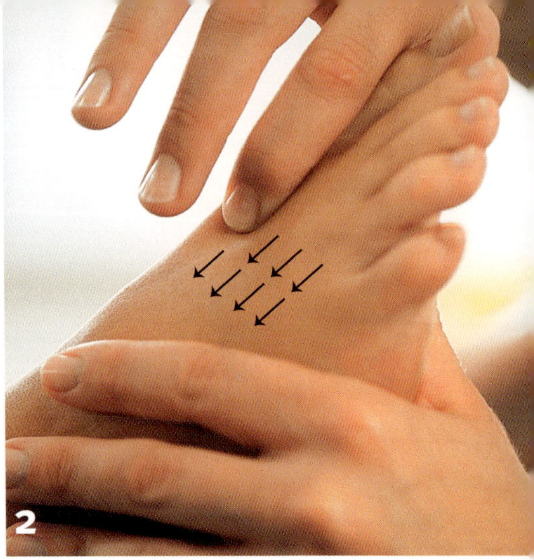

Das Lymphsystem

Das Lymphsystem mit den im ganzen Körper verteilten Lymphknoten ist für die Ausscheidung von Abfällstoffen aus dem Körper zuständig. Vor allem in Brust, Leiste und Achseln befinden sich viele Lymphknoten. Die Lymphzirkulation ist für die Selbstreinigung des Körpers wesentlich.

Vom Knöchel aus bearbeiten Sie die weichen Stellen auf beiden Seiten; mit allen vier Fingern in die kleinen Vertiefungen über die Regionen der Eileiter und Samenstränge wandern. So erreichen Sie alle Lymphknoten der Leistengegend.

Von Zone eins an der höchsten Stelle des knöchernen Spanns (1) wandern Sie mit allen vier Fingern horizontal über den ganzen Fuß hin und her. Enden Sie am vorderen Fuß bei den Zehen, sodass Sie die Lymphknoten des Bauches, der Brust und die der Achsel bearbeitet haben. Die wurden zwar bereits bei der Behandlung der Brustregion stimuliert, aber mehr Aufmerksamkeit ist bei so wichtigen Systemen kein Fehler.

Um den Lymphfluss zu verbessern, wandern Sie mit dem Zeigefinger zwischen Zehen und Mittelfußknochen in Richtung Spann und ziehen den Finger dann sanft zurück zu den Zehen (2). Um diese Ableitung zu vervollständigen, „melken" Sie die Lymphknoten ganz sanft, indem Sie mit dem Daumen und Zeigefinger auf beiden Seiten des Fußes an den Zehengrundgelenken kreisen.

Das Hormonsystem

An diesem System lassen sich hormonelle Probleme behandeln. Beginnen Sie mit der Hypophyse, der Steuerzentrale, und dem Hypothalamus, der die Verbindung zum Nervensystem gewährleistet. Bergen Sie den Fuß in der Stützhand und dringen Sie dann mit dem Daumen der Arbeitshand in den Hypophysenpunkt genau in der Mitte der großen Zehe ein. Halten Sie den Druck fünf Sekunden. Drücken Sie mit dem anderen Daumen den darüber liegenden Hypothalamus. Ist das zu schwierig, beide Punkten gleichzeitig drücken und kreisen.

Die Schilddrüse liegt an der Wurzel der großen Zehe (1). Drücken Sie mit dem Zeigefinger fünf Sekunden lang. Zur Stimulierung der Nebenschilddrüsen kneifen Sie fest, aber sanft ins Gewebe zwischen großer und zweiter Zehe (2) und halten ebenfalls fünf Sekunden lang.

Die Thymusdrüse ist ebenfalls wichtig, vor allem bei Infektionen mit Schleimbildung. Suchen Sie auf halber Höhe an der Linie der Speiseröhre den Thymuspunkt, halten Sie die Innenseite des Fußes mit der Stützhand und dringen Sie dann ins Gewebe ein. Drücken Sie in Richtung Knochen der großen Zehe und ziehen Sie leicht zurück. Fünf Sekunden halten.

Die Nebennieren liegen über der Taillenlinie am Rand von Zone eins. Zur Bearbeitung drücken Sie kräftig in der Nierenregion (etwas tiefer in Zone eins) und drücken dann mit dem anderen, nach unten gerichteten Daumen rasch in den Nebennierenpunkt, dabei den Nierenpunkt loslassen. Die Region ist empfindlich, also den Fuß nach der Behandlung kräftig Richtung Ferse ausstreichen.

Arbeiten Sie danach an der Milz, indem Sie in Richtung des fünften Zehs eindringen und den Druck fünf Sekunden lang halten. Um das Immunsystem anzustoßen, sollten Sie sowohl die Milz als auch die Thymusdrüse stimulieren.

Die größte Drüse des Körpers ist die Bauchspeicheldrüse, die den Blutzuckerspiegel reguliert. Sie hat an beiden Füßen eine Reflexzone, aber nur einen Reflexpunkt am linken Fuß, etwas über der Taillenlinie in der Mitte des Fußes. Dringen Sie ins Gewebe ein und halten Sie den Druck fünf Sekunden lang.

Den Punkt der Eierstöcke/Hoden finden Sie auf der Außenseite des Fußes auf der halben Strecke zwischen Knöchel und Fersenrand. Massieren Sie ihn mit Ihrem Daumen und drücken Sie ihn dann fünf Sekunden lang.

1

2

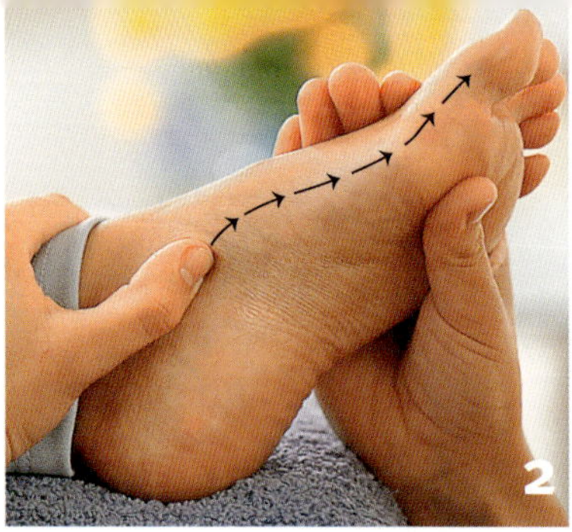

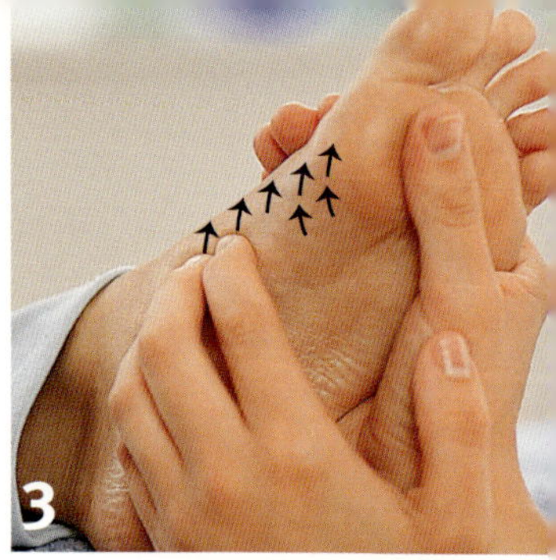

Skelett und Muskeln

Die Behandlung dieser Reflexzonen hilft bei Beschwerden an Wirbelsäule, Schultern, Nacken, bei Überlastungs- und Karpaltunnelsyndrom, bei Arthritis, Rheumatismus und vielem mehr.

Kneifen Sie den Schulterpunkt (1) zwischen den Zehengelenken des vierten und fünften Zehs (ein wenig unter dem Zeh). Heben Sie alle Zehen an (sie repräsentieren Hals und Nacken) und kreisen Sie sie. Beugen Sie den Fußballen, das hilft gegen Steifheit in Brustkorb und Rippen.

Die Reflexzonen der Wirbelsäule liegen längs an der Innenseite des Fußes. An der Seite der großen Zehe ist der Nacken, während das Steißbein am Rand des Fersenbeines zu finden ist (2). Kriechen Sie mit dem Daumen von der Ferse bis zum Knochenvorsprung am Grundgelenk des großen Zehs und setzen Sie die Behandlung am Rand der großen Zehe bis zum unteren Rand der Kuppe des großen Zehs fort, um den Nacken und die Halswirbel zu behandeln. Wenn Sie sich selbst behandeln möchten, sollten Sie den Fuß immer so drehen, dass Sie auf alle Fälle vorwärts und von sich weg arbeiten (auch wenn der Daumen zu Ihrem Körper gerichtet ist). Kriechen Sie nun im Raupengang zurück zur Ferse. Zum Schluss vervollständigen Sie dann die Behandlung der Wirbelsäulenreflexe, indem Sie jetzt in kurzen und horizontalen Linien sorgfältig die Wirbelsäulenmuskulatur bearbeiten (3).

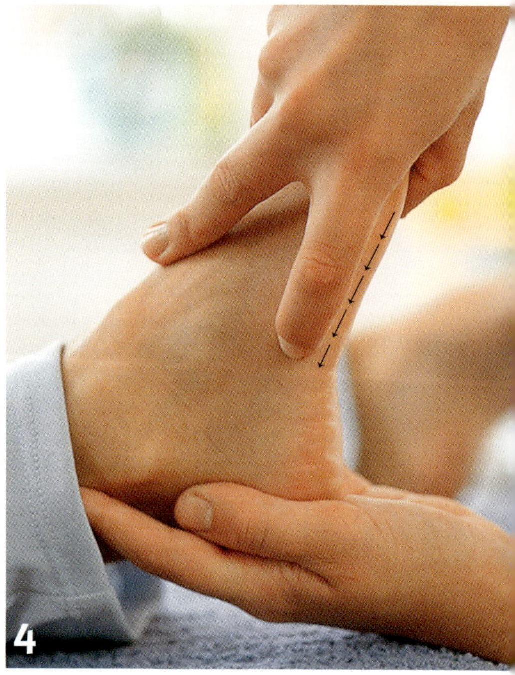

Kreuzen Sie mit allen vier Fingern die Innenkante des Fußes. Arbeiten Sie von der Ferse zum Gelenk des großen Zehs. Zur Harmonisierung streichen Sie die Innenkante vom Zeh zur Ferse hin aus.

Zum Schluss drücken Sie fest, aber sanft die Schulterregion zwischen den Knochen von viertem und fünftem Zeh etwa einen Fingerbreit unterhalb der Zehen. Biegen Sie die Zehen rauf und runter, um die Stelle am Übergang von den Zehenknochen zu den Mittelfußknochen zu finden.

Arbeiten Sie dann mit dem Zeigefinger an der knöchernen Außenkante, wo die Zonen von Arm und Ellbogen liegen. Der kleine Knochenvorsprung in der

5

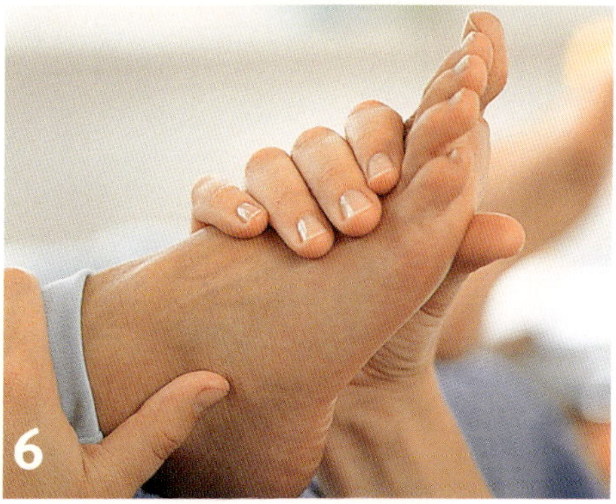

6

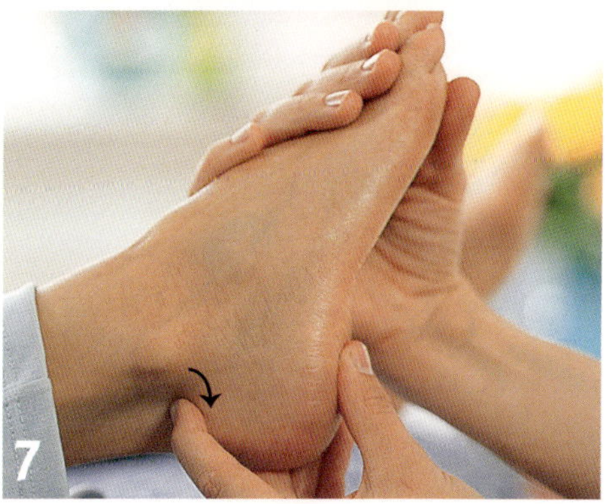

7

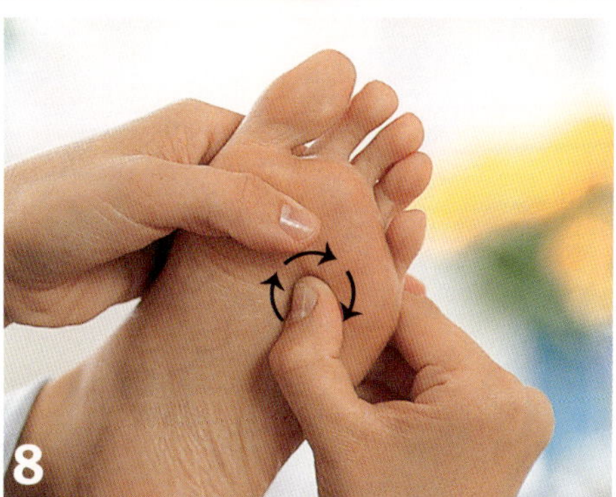

8

Mitte des Fußes ist der Ellbogenpunkt (4). Drücken Sie diesen fünf Sekunden, dann langsam loslassen.

Die Kniereflexzone (5) liegt unter der Ellbogenregion. Drücken Sie hier mit der Daumenspitze, ziehen Sie kräftig zum kleinen Zeh und halten Sie die Position fünf Sekunden lang

Die Reflexzonen von Hüfte (6) und Oberschenkel sind etwas schwierig zu erreichen, wenn Sie sich selbst behandeln. Achten Sie aber dennoch darauf, die Region rund um das Fersenbein gut zu bearbeiten, vor allem an der Außenkante. Halten Sie die Ferse in der einen Hand und suchen Sie mit dem Mittelfinger der Arbeitshand den kleinen Knochenvorsprung etwa 25 Millimeter unter dem Knöchel. Verwenden Sie nun den Zeigefinger und ziehen Sie zurück Richtung Knöchel. Halten Sie den Druck auf dem Hüftpunkt fünf Sekunden lang.

Der Ischiaspunkt (7) liegt am rückwärtigen, oberen Ende des Fersenbeins auf der Achillessehne. Kreisen Sie sanft mit dem Daumen oder Finger an dem Punkt.

Der Fuß hat ebenfalls eine Reflexzone, die in der Mitte des Fersenpolsters liegt. Kreisen und drücken Sie sie ebenfalls mit Ihrem Daumen. Der Handpunkt (8) befindet sich genau unterhalb des Zwerchfells zwischen den Zonen drei und vier. Kreisen Sie in dieser oft sehr verspannten Region druckvoll mit dem Daumen. Es kann dabei sein, dass diese Zone auf Spannung in den Händen reagiert, die wir bei Stress oftmals unwillkürlich zu Fäusten ballen. Die Behandlung dieser Region und der Wirbelsäulenreflexe kann übrigens auch zur Verringerung von Spannungsgefühlen und Druck in der Brust äußerst wirksam sein, was sich wiederum sehr positiv auf Atmung und Kreislauf auswirkt. So wird weitere Anspannung verhindert.

Kapitel fünf

Akupressur

Wie bei der Reflextherapie wird auch bei der Akupressur eine bestimmte Körperregion behandelt, um eine andere zu beeinflussen. Obwohl sich die Einteilung des Körpers unterscheidet – die Akupressur arbeitet eher mit den aus dem alten China stammenden Meridianen als mit den Reflexzonen – sind viele Prinzipien der beiden Verfahren ähnlich.

Die chinesische Körperkarte hat sich im Laufe der Jahrhunderte zu einem komplexen Gebilde weiterentwickelt, das auf viele Ebenen, auch die spirituelle, Bezug nimmt. Neben den in diesem Buch aufgeführten Organmeridianen gibt es zum Beispiel noch 15 „Nebenmeridiane“, die die Hauptmeridiane miteinander verbinden, und acht besondere Meridiane, die Energie speichern.

Aber dieses Buch ist für den einfachen Hausgebrauch geschrieben und soll keine Details erläutern, die nur für Akupunkteure relevant sind. Von den 22 Meridianen und 660 Druckpunkten arbeiten wir nur mit den wichtigen und leicht auffindbaren Punkten.

Die Meridiane

Es gibt 14 Hauptmeridiane, von denen sechs auf jeder Seite des Körpers und je einer auf der Vorder- beziehungsweise Rückseite des Körpers verlaufen. Zwölf von ihnen stehen mit je einem Organ in Verbindung und haben auf dieses eine besondere Wirkung.

Die Meridiane sind paarweise angeordnet, je ein Yin- und ein Yang-Meridian gehören zusammen. Die Yin-Energie kommt aus der Erde, so beginnen solche Meridiane, die mehr Yin-Energie enthalten, unten: Der erste Punkt auf dem Milzmeridian liegt beispielsweise am großen Zeh. Yang-Meridiane empfangen ihre Energie direkt von der Sonne und fangen oben an: Der Blasenmeridian etwa beginnt neben dem Auge. Von den Organmeridianen gibt es immer zwei. Ihr Verlauf ist auf der rechten und linken Seite des Körpers identisch. Die beiden anderen Meridiane, die wir hier verwenden, heißen Lenkergefäß – es steigt an der Wirbelsäule auf bis zum Kopf – und Konzeptionsgefäß – es verläuft in der vorderen Körpermitte.

Durch Ausstreichungen oder Massagen am Verlauf der Meridiane werden die Körpersysteme harmonisiert. Die besonderen Punkte auf den Meridianen eignen sich dann für gründlichere Behandlungen. Da es hunderte Akupressurpunkte gibt, stellen wir hier nur einige wenige mit ihren Eigenschaften vor. Diese Punkte sind immer gut

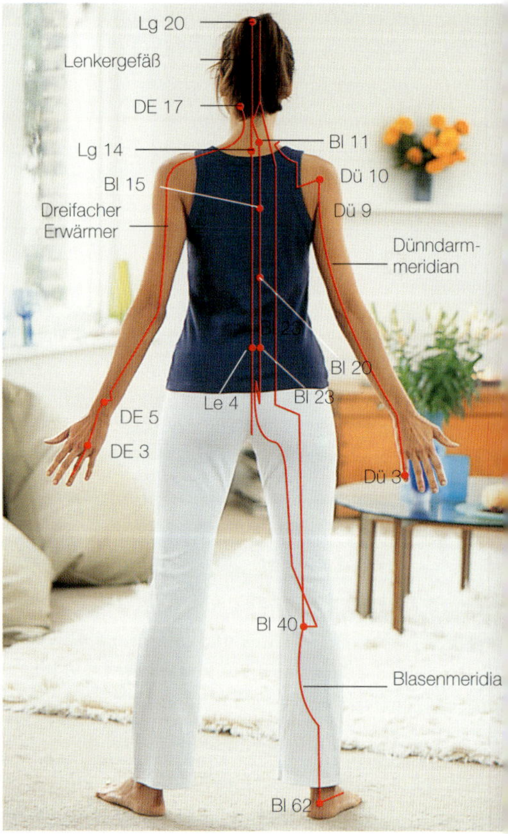

zu finden und auch ohne professionelles Wissen leicht zu behandeln. Wenn Sie also die wichtigen Punkte suchen, hilft es, mit den Fingern sanft über die Haut zu streichen. Oftmals liegen Sie in einer natürlichen Kuhle.

Andere Punkte

Nicht alle Akupressurpunkte liegen auf einem Meridian. Viele andere Punkte haben auch eine Wirkung auf den Energiefluss im Körper, tragen aber keine Nummer. So gibt es am Ohr zum Beispiel Punkte gegen Bluthochdruck.

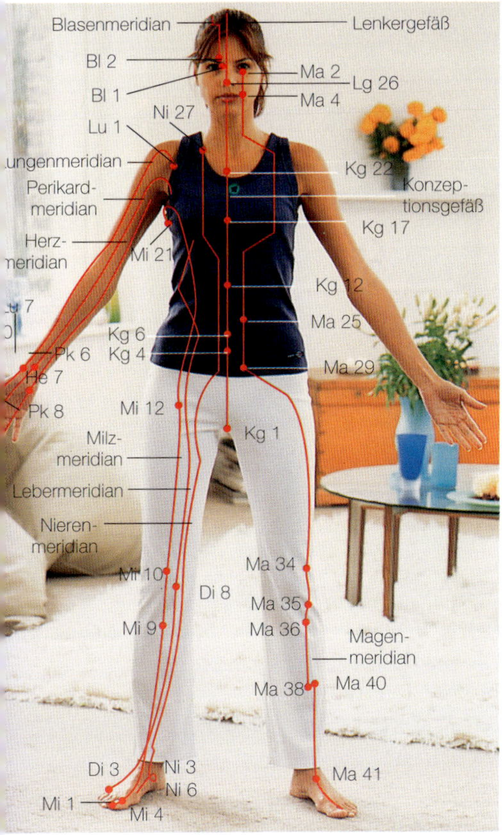

Die an empfindlichen Stellen liegenden, so genannten Triggerpunkte funktionieren anders. An ihnen treten unzählige Nervenenden an die Oberfläche. Ein Triggerpunkt ist also immer mit der Schmerzquelle unmittelbar verbunden. So ist bei Ischiasbeschwerden zum Beispiel ein Triggerpunkt am Bein empfindlich. Wird er behandelt, kann das den an der unteren Wirbelsäule, am Ursprung des Nervs, verursachten Schmerz lindern. An den Waden gibt es mehrere Triggerpunkte, die gut Muskelschmerzen und Krämpfe lindern können.

Lungenmeridian

Der Lungenmeridian verläuft von der oberen Brust zum Daumen hinunter. Die Punkte, die auf dem Lungenmeridian liegen, haben nicht nur einen körperlichen Aspekt. Denn diese Punkte sind in der chinesischen Lehre auch mit Kummer und Tränen verbunden.

Lu 1: Er verläuft zwischen der ersten und der zweiten Rippe, etwa eine Handbreit neben dem Brustbein. Bei Atemwegsproblemen wie zum Beispiel Bronchitis und Emphysem behandeln.

Lu 7: Legen Sie das Gewebe zwischen Daumen und Zeigefinger der einen Hand gegen dieselbe Stelle der anderen Hand, sodass sich der Zeigefinger zum Handgelenk streckt. Lunge 7 liegt auf dem Knochen seitlich unterhalb des Daumens.
Lu 10: Am Daumenballen, zwei Fingerbreit vom Handgelenk, direkt auf der Kante des Daumens. Lunge 7 und 10 sind gut geeignet, um blockierte Energien wieder in Bewegung zu bringen und um unterdrückte Gefühle freizusetzen.

Dickdarmmeridian

Der Dickdarmmeridian verläuft vom Zeigefinger zum Nasenflügel. Er ist sowohl für die Reinigung als auch die Entgiftung des Körpers zuständig.
Di 4: Zwischen Finger und Daumen. Pressen Sie den Daumen gegen den ersten Finger und finden Sie die Stelle, wo das Gewebe sich am höchsten wölbt. Legen Sie den anderen Daumen auf diesen Punkt, lösen Sie Daumen und Finger und halten Sie den Punkt zwischen Daumen und Finger der Arbeitshand. Dieser wichtige Ausscheidungspunkt (1) bringt alles in Bewegung und ist besonders wirkungsvoll gegen Verstopfung.
Warnung:* *Dieser Punkt darf in der Schwangerschaft nicht behandelt werden!
Di 11: Den Arm vor der Brust beugen und am Ende der Falte auf dem Ellbogengelenk den Punkt finden. Hilft bei Schmerzen aufgrund von Arthritis, besonders in der Schulter.
Di 20: Mit dem Finger am Nasenflügel bis nach unten streichen und neben dem Nasenloch den Druckpunkt finden. Hilft bei Nebenhöhlenentzündung und Infektionen der oberen Atemwege.

Magenmeridian

Der Magenmeridian nährt und harmonisiert das ganze System. Er verläuft vom Kopf nach unten zum zweiten Zeh.
Ma 2: In der Mitte des Knochens direkt unter dem Auge. Für besseres Sehvermögen und Entspannung des Gesichts.
Ma 4: Im Mundwinkel des entspannten Mundes.

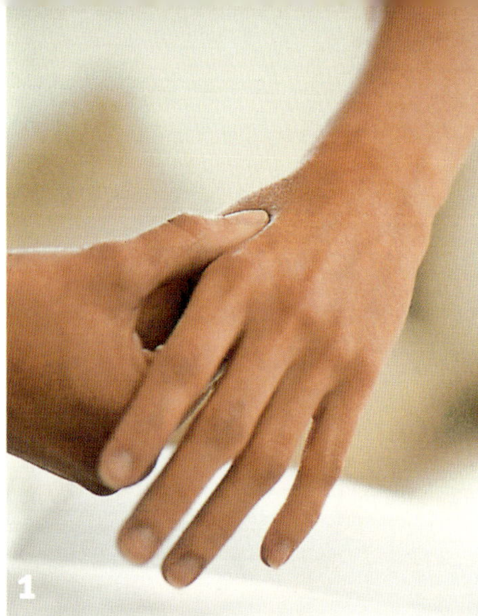
1

Zur Entspannung der Gesichtsmuskeln, auch bei extremer Anspannung, Zahnschmerzen oder Gesichtslähmung.
Ma 25: Zwei Daumen breit neben dem Nabel. Bei Verstopfung, Durchfall und Magenverstimmung.
Ma 29: Eine Handbreit unter und zwei Daumen breit neben dem Nabel. Bei gynäkologischen Beschwerden zum Beispiel der Eierstöcke und bei prämenstruellem Syndrom (PMS).
Ma 34: Zwei Daumen breit über dem Außenrand der Kniescheibe.
Ma 35: Am unteren Rand der Kniescheibe rechts und links von der Mitte.
Ma 36: An der Außenseite des Beines an einem Vorsprung unterhalb der Kniescheibe. Messen Sie drei Fingerbreiten am Knochen nach unten ab und drücken Sie den Punkt, der auch „Drei-Meilen-Punkt" genannt wird (2). Er ist ein so genannter Quellpunkt, also ein Punkt, an dem das Energiegeschehen eines ganzen Meridians beeinflusst werden kann. Er ist auch für Verstopfung, für Kopfschmerzen und die Harnwege zuständig.
Ma 38: Auf halber Höhe am Unterschenkel an der Außenseite des Muskels neben dem Schienbein, unter Ma 36. Bei Schulterschmerzen behandeln.
Ma 40: Etwa zwei Fingerbreit außen neben Ma 38. Zur allgemeinen Beruhigung, bei Nervo-

sität, zur Verringerung von überschüssigem chi. Drücken und halten Sie diesen Punkt einige Sekunden lang, während Sie ausatmen. Das beruhigt angespannte Nerven und baut überschüssige Energie ab.

Ma 41: Am Knöchel bei Knöchelschmerzen. Beugen Sie den Fuß und tasten Sie in der Falte, zwischen Sprungbein und Knöchelvorderseite, die natürliche Vertiefung des Punktes.

Milzmeridian

Er verläuft vom großen Zeh nach oben zur Achselhöhle. Er steht für Lernen und Konzentration und die Umwandlung der Nahrung in chi.

Mi 1: Am inneren, unteren Nagelwinkel der großen Zehe. Zur Behandlung von Kopfschmerzen.

Mi 4: Am Ende des Knochens des großen Zehs unter dem seitlichen Vorsprung an der Fußkante. Bei Fußschmerzen und Problemen der Fortpflanzungsorgane behandeln. Fruchtbarkeitsfördernd.

Mi 6: Vier Fingerbreit über dem Sprungbein an der Innenseite des Unterschenkels, ausgehend von der fleischigen Region hinter dem Sprungbein. An diesem Punkt kreuzen drei Meridiane; er ist ein wichtiger Energiepunkt.

***Warnung:** Dieser Punkt darf in der Schwangerschaft nicht behandelt werden!*

Mi 9: Liegt an der Innenseite des Unterschenkels genau unter dem seitlichen Knochenvorsprung unter dem Knie. Bei Beinproblemen, bei Wassereinlagerungen und bei Krampfadern.

Mi 10: Zwei Daumen breit über dem Knie, von der Innenkante der Kniescheibe aus. Bei verschiedenen Hautproblemen und Knieschmerzen.

Mi 12: In der Vertiefung neben der Scham, wo die Vorderseite der Oberschenkel und der Rumpf zusammentreffen.

Mi 13: Neben Mi 12, leicht versetzt zur Außenseite des Körpers. Mi 12 und Mi 13 können gut bei Regelschmerzen behandelt werden.

Mi 21: Fünf Fingerbreit unterhalb der Achselhöhle zwischen fünfter und sechster Rippe. Lindert Schmerzen in der Brust und Depressionen.

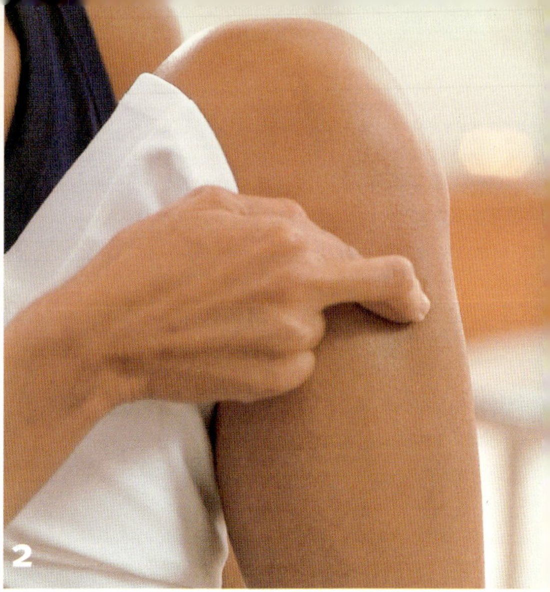

Herzmeridian

Der Herzmeridian verläuft von der Achsel zur Hand. Er steht mit dem Geist und dem Langzeitgedächtnis in Verbindung. Er wird außer bei der Meridianmassage oder bei der Behandlung von He 7 selten bei der Selbstbehandlung verwendet.

He 7: Unterhalb des Knochenvorsprungs an der Kleinfingerseite des Handgelenks. Er dient der Beruhigung und wird aus diesem Grund oft in der Akupunktur verwendet.

Dünndarmmeridian

Der Dünndarmmeridian verläuft vom kleinen Finger aus nach oben über den Arm und die Schulter bis an die Knochenkante des Kiefers. Er steht mit dem Herzen in Verbindung und hilft bei der Lösung von Blockaden verschiedenster Art.

Dü 3: An der Außenkante der Hand unterhalb des Kleinfingergrundgelenks. Bei Rheumatismus.

Dü 9: Hinter dem Schultergelenk.

Dü 10: Genau oberhalb der Achselhöhle. Dü 9 und Dü 10 eignen sich gut zur Linderung von Schulterschmerzen.

Blasenmeridian

Der Blasenmeridian verläuft etwa zwei Daumen breit neben der Wirbelsäule und ist für die

Umwandlung von Flüssigkeiten zuständig. Eine Massage der langen Rückenstreckmuskeln neben der Wirbelsäule wirkt auf zahlreiche Blasenpunkte.

Bl 1: In der Augenhöhle neben dem inneren Augenwinkel. Bei Problemen mit den Augen.

Bl 2: Drücken Sie an der Nasenwurzel genau am Ende der Augenbraue. Wird oft bei Augenproblemen und zur Beruhigung der Nerven und der Energie behandelt.

Bl 11: Finden Sie den großen Wirbel am unteren Ende des Nackens und drücken Sie genau unterhalb der äußeren Knochenkante. Dies wirkt wohltuend auf die Lunge.

Bl 15: Zwischen den Schulterblättern, unterhalb des fünften Brustwirbels. Zur Beruhigung des Herzens geeignet.

Bl 23: Hände in die Taille legen, Daumen greifen zu den großen Muskelsträngen neben der Wirbelsäule. Die Behandlung des Punktes verbessert sowohl die Zirkulation von Blut im Körper als auch die Versorgung von Nieren und Rücken mit chi.

Bl 40: In der Mitte der Kniekehlen. Immer bei Ischiasbeschwerden behandeln.

Nierenmeridian

Der Nierenmeridian verläuft von der Fußsohle bis zur oberen Brust. In diesem Meridian ist die Ursprungsenergie – das chi, mit dem wir geboren wurden – gespeichert. Er ist für Wachstum, Willenskraft und Kurzzeitgedächtnis zuständig.

Ni 1: In der Mitte des Fußes, genau unterhalb des Ballens. Dieser Punkt wird auch „sprudelnde Quelle" (oder Solarplexuspunkt) genannt, denn er ist ein wichtiges Energiezentrum. Hier liegt auch das für körperliches Gleichgewicht zuständige Erdchakra. Bei Schmerzen, Stress oder Unruhe und Schwindel.

Ni 27: Unter dem Schlüsselbein direkt neben dem Brustbein liegt mit Ni 27 ein weiterer Beruhigungspunkt. Eine Massage des Punktes lindert Husten und Asthma, besonders wenn Sie dazu Heilmittel wie Eukalyptusöl verwenden.

Perikardmeridian

Der als „Herzschützer" bekannte Perikardmeridian verläuft von der Brust zum Mittelfinger. Drücken Sie bei Angst, Unruhe, Anspannung oder Schock den Endpunkt am Nagelfalz des Mittelfingers.

Pk 6: Drei Fingerbreit unterhalb des Handgelenks direkt in der Mitte drücken. Bei Schwindel und Übelkeit aus verschiedenen Gründen, darunter auch bei Nebenwirkungen von Medikamenten oder nach Operationen.

Pk 8: Der als Tor zur Körperenergie benutzte Punkt liegt in der Mitte der Handfläche. Therapeuten benutzen den Punkt, um Energie in den Körper strömen zu lassen.

Dreifacher Erwärmer

Der Dreifache Erwärmer ist für die Regulierung der Temperatur und das Gleichgewicht der Körperflüssigkeiten zwischen den Nieren und dem Herzen genauso wie für die Stimulierung des

Lymphsystems zuständig. Er verläuft vom Ringfinger zur Augenbraue.

DE 3: Zwischen Ringfinger und kleinem Finger, auf halber Höhe der Handrückseite.

DE 5: Drei Fingerbreit unterhalb des Handgelenks auf der Rückseite des Armes (gegenüber Pk 6).

DE 17: In der Kuhle hinter dem Ohr.

Gallenblasenmeridian

Der Gallenblasenmeridian ist lang und verläuft vom Kopf zur Spitze der kleinen Zehe.

Gb 14: In der Mitte der Stirn über jeder der Augenbrauen. Bei Kopfschmerzen wie auch bei Überanstrengung der Augen.

Gb 20: An der rückseitigen Schädelbasis liegen neben dem oberen Ende der Wirbelsäule zwei Punkte etwa vier Fingerbreit auseinander. Mit dem Kopf nicken, um die beiden Muskelstränge zu spüren, dann kurz davor am Haaransatz drücken. Hilft bei Kopfschmerz, Erkältung, bei Nebenhöhlenentzündung und Druck im Kopf.

Gb 30: An der Seite des Gesäßes. Legen Sie die Daumen an den Hüftknochen, strecken Sie die Finger nach hinten und finden Sie die Punkte unter den Mittelfingern. Bei Hüftschmerzen.

Gb 31: An der Außenseite des Beines auf halber Höhe des Oberschenkels gelegen. Bei Ischiasbeschwerden behandeln.

Gb 34: Genau unterhalb des Knies. Spüren Sie die Kuhle zwischen Schienbein und Wadenbein, die direkt unterhalb des Schienbeinköpfchens liegt. Vermag Muskelschmerzen zu lindern.

Lebermeridian

Der Lebermeridian verläuft von der großen Zehe zur Brust und reguliert den chi-Fluss.

Le 3: Zwei Fingerbreit über dem Zwischenraum zwischen großem und zweitem Zeh am Fuß. Bei hohem Blutdruck behandeln.

Lenkergefäß

Das Lenkergefäß (ein Gefäß ist auch ein Meridian) verläuft von oberhalb des Anus zur Oberlippe. Die Punkte liegen auf der Wirbelsäule selbst, genau unterhalb der knochig hervorspringenden Wirbelbögen, während die Blasenpunkte neben der Wirbelsäule liegen.

Lg 4: Zwischen den Wirbeln auf Höhe der Taille. Für mehr Vitalität.

Lg 14: Auf dem großen Wirbelbogen am unteren Ende der Halswirbelsäule. Beugen Sie den Kopf vorwärts, um den höchsten Punkt zu finden. Ein guter Energiepunkt bei Schmerzen im Oberkörper und Rheumatismus.

Lg 20: Dieser Punkt wird in diesem Buch nicht verwendet. Er liegt auf dem Scheitelpunkt des Kopfes, wo sich alle Meridiane kreuzen. Hier ist die Yang-Energie im Körper am konzentriertesten.

***Warnung:** Diesen Punkt bei Bluthochdruck nicht berühren, da dies zu einem weiteren Anstieg führen könnte.*

Lg 26: Der Endpunkt liegt genau unterhalb der Nase auf der Oberlippe. Gut bei Schock oder starken Rückenschmerzen.

Konzeptionsgefäß

Das Konzeptionsgefäß liegt in der Mitte der Körpervorderseite und beginnt im Mund am Gaumen.

Kg 1: Dieser Punkt liegt am Anfang dieses Meridians am Damm zwischen Geschlechtsorganen und Anus. Hier ist die Yin-Energie im Körper am konzentriertesten.

Kg 4: Vier Fingerbreit unterhalb des Nabels. Ein guter Punkt bei Energielosigkeit und Erschöpfung.

Kg 6: Dieser Punkt wird auch „Meer der Energie" genannt und liegt zwei Fingerbreit unterhalb des Nagels. Zur Zentrierung und „Erdung". Steht mit Fruchtbarkeit und Sexualität in Verbindung.

Kg 17: Der Herzpunkt oder „Meer der Ruhe". Zwischen den Brüsten, drei Daumen breit über dem unteren Ende des Brustbeins. Ein wichtiger Energiepunkt, der Herzbeschwerden lindern kann.

Kg 22: Liegt in der Vertiefung zwischen den Schlüsselbeinen. Wirkt gut gegen Schleimbildung, Halsschmerzen und gegen Beklemmungen in der Brustgegend.

Die Energietore öffnen

Mit einer einfachen, täglichen Meridianmassage können Sie alle Körpersysteme ins Gleichgewicht bringen. Sie können sie jederzeit in einem Durchgang machen oder, da die Meridiane und ihre Organe stets zu einer bestimmten Zeit des Tages aktiver sind (ausgehend von einer „Organuhr"), je zwei Meridiane möglichst in ihrer entsprechenden Zeit behandeln. Nutzen Sie dazu bitte immer die empfohlenen Arbeitspausen.

Die Meridiane verlaufen ja in verschiedenen Richtungen. Diese müssen aber nicht unbedingt befolgt werden. Sie können je nach Position auf und ab behandeln. Ausstreichungen sind dabei wirksam, aber Klopfungen oder Massagen wirken kräftiger und sind belebend. Widmen Sie sich immer beiden Seiten des Körpers, wobei Sie auf der einen nach oben, auf der anderen nach unten arbeiten können. Sie können auch eine Seite nach oben und unten behandeln und dann die Seite wechseln. Am einfachsten ist es, wenn Sie auf beiden Seiten nacheinander mit spiegelverkehrten Griffen vorgehen. Wenn Sie einen fließenden Ablauf gefunden haben, werden Sie sich an den Rhythmus gewöhnen, der die entspannende, harmonisierende Wirkung verstärkt.

Wenn Sie sehr früh aufstehen, können Sie den Lungenmeridian und den Dickdarmmeridian behandeln. Der erste ist zwischen 3 und 5 Uhr morgens am aktivsten, der Dickdarmmeridian zwischen 5 und 7 Uhr. Behandeln Sie diese beiden Meridiane also gleich nach dem Aufstehen.

Lunge: Beginnen Sie unter dem Schlüsselbein, an der Brustaußeneite oben (1). Strecken Sie den Arm aus, blicken Sie in die Hand und bearbeiten Sie die Vorderseite des Armes bis zum Daumen.

Dickdarm: Von der Spitze des Zeigefingers (2) auf der Oberseite den Arm hinauf, über die Schulter bis neben den Nasenflügel auf der anderen Seite des Gesichts.

Der Magenmeridian ist zwischen 7 und 9 Uhr am aktivsten; der Milzmeridian zwischen 9 und 11 Uhr.

Magen: Beginnen Sie unterhalb des Auges, in der Mitte der Augenhöhle, folgen Sie dem Meridian an der Vorderseite des Körpers (3) über die Brust zum Bein und bis zum Ende des zweiten Zehs.

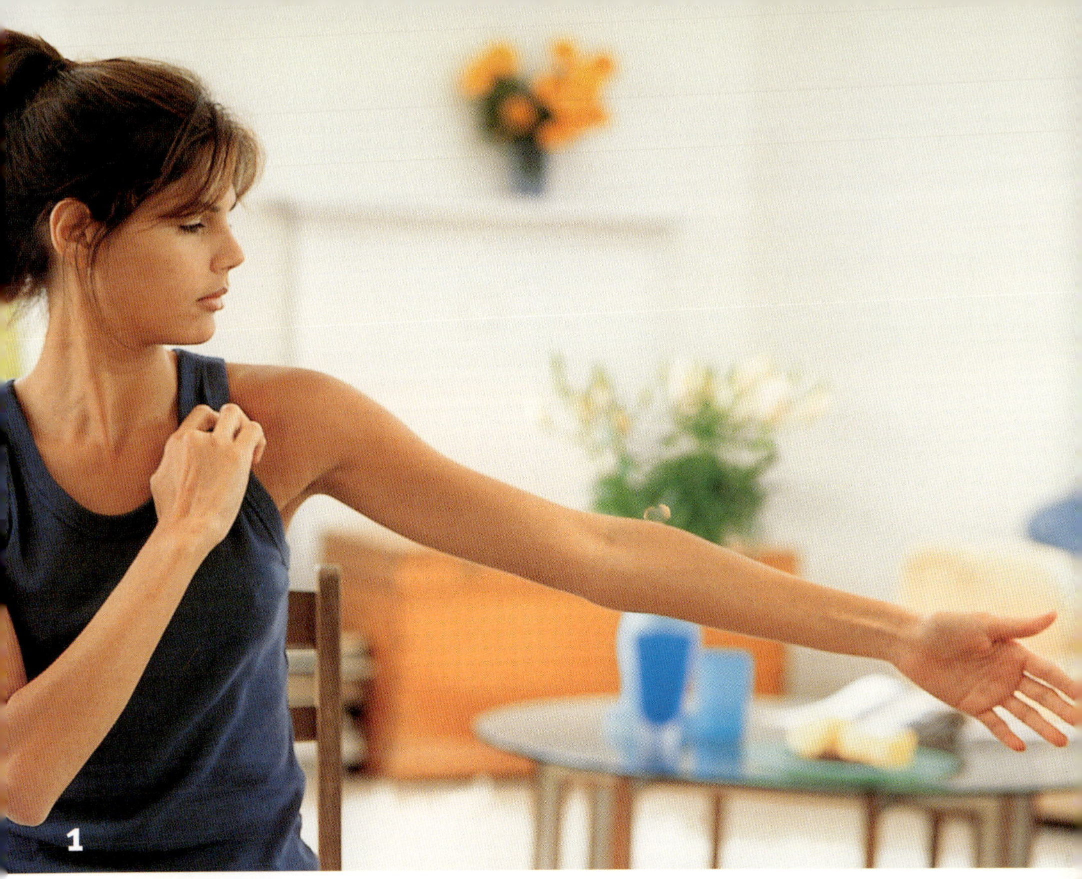

1

2

3

4

Milz: Von der Spitze der großen Zehe über die Fuß- und Beininnenseiten bis zum Rumpf (4). Über die Brust abbiegen zur Achselhöhle.

Der Herzmeridian ist zwischen 11 und 13 Uhr am aktivsten; der Dünndarmmeridian zwischen 13 und 15 Uhr.

Herz: Von der Achselhöhle (5) an der Innenseite des Armes bis zur Seite der Hand an den Nagelfalz des kleinen Fingers. Halten Sie die Hand hoch, sodass Sie in die Handfläche blicken wie in einen Spiegel.

Dünndarm: Drehen Sie die Hand um und folgen Sie dem Dünndarmmeridian vom kleinen Finger über die Außenseite des Armes und die Schulter, möglichst bis zum Schulterblatt, dann den Nacken hinauf, unter dem Ohr hindurch zur kleinen Grube neben dem Kiefergelenk (5).

5

Der Blasenmeridian ist zwischen 15 und 17 Uhr am aktivsten; der Nierenmeridian ist es zwischen 17 und 19 Uhr.

Blase: Beginnen Sie innen am Auge neben der Nase und folgen Sie dem Meridian etwas neben der Mitte über die Stirn, über den Kopf (6) und neben der Wirbelsäule nach unten, so weit Sie greifen können. Unterhalb der Taille abbiegen Richtung Hüfte und an der äußeren Rückseite des Beines nach unten bis zur Außenseite der kleinen Zehe folgen.

Niere: An der Fußsohle beginnen (7), an der Innenseite des Beines und der Vorderseite des Körpers nach oben arbeiten, einige Fingerbreit neben der Mitte. Auf Höhe des Zwerchfells leicht abbiegen und über die Brust bis zum inneren Schlüsselbein.

8

Der Perikardmeridian ist zwischen 19 und 21 Uhr am aktivsten; der Dreifache Erwärmer zwischen 21 und 23 Uhr.

Perikard: Von der Seite der Brust über die Mitte des Armes (wenn Sie die Handfläche nach oben drehen) und die Handfläche (8) bis zur Spitze des Mittelfingers.

Dreifacher Erwärmer: Drehen Sie die Hand und arbeiten Sie von der Spitze des Ringfingers (9) über den Handrücken und die Rückseite des Armes bis zur Seite des Nackens hinter dem Ohr. Folgen Sie dem Meridian über das Ohr zum äußeren Ende der Augenbraue.

9

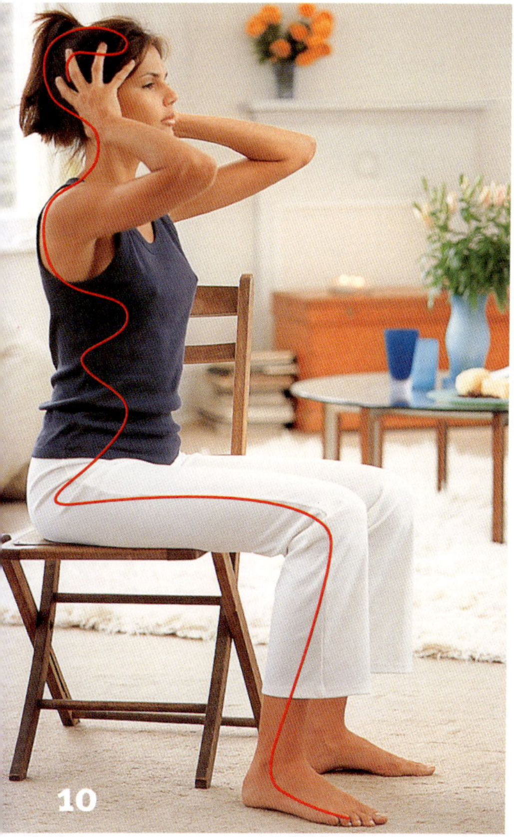
10

11

Der Gallenblasenmeridian ist zwischen 23 und 1 Uhr nachts am aktivsten; der Lebermeridian zwischen 1 und 3 Uhr.

Gallenblase: Massieren Sie die Seiten des Kopfes (10), die Seiten des Nackens und bis zur Brust. Folgen sie dem zackigen Verlauf des Meridians an der Seite des Rumpfes und Beines bis zur kleinen Zehe.

Leber: Von der Spitze des großen Zehs über den Zwischenraum des Mittelfußknochens der ersten und zweiten Zehe, an der Vorderseite der Beine innerhalb der Kniescheibe nach oben zum Rumpf (11) unterhalb der Brustwarzen.

Vorbereitung

Probieren Sie die Methoden für sich selbst aus, bevor Sie andere behandeln: Drücken Sie einen Ball, massieren Sie ein Kissen mit sanften Knetgriffen, um ein gutes Gefühl für die Bewegung zu bekommen. Üben Sie mit gestreckten Fingern Druck aus und klopfen Sie, als würden Sie Klavier spielen. Entspannen Sie die Hände, indem Sie sie im Handgelenk ausschütteln, kreisen und die Finger strecken und dehnen.

Denken Sie daran, sich vor und nach jeder Behandlung die Hände zu waschen, auch wenn Sie sich selbst behandeln. Da Sie vor allem an schmerzenden Stellen die Blockierungen lösen wollen, ist das Händewaschen sinnvoll, weil es Ihre eigenen Energiekanäle offen hält.

Techniken

Drücken Sie mit der flachen Handfläche, wenn Sie Muskeln behandeln. Massieren Sie mit den Fingerkuppen und vermeiden Sie bohrende Bewegungen mit der Fingerspitze (1).

Drücken Sie spezielle Punkte immer mit dem Zeigefinger oder, wenn Sie lieber stärker drücken möchten, mit dem Daumen. Sie können den Druck zusätzlich noch verstärken (2), indem Sie Daumen, Mittel- und Zeigefinger zusammenlegen. An knochigen Stellen, die schmerzempfindlich sein können, sollten Sie nur leicht drücken.

Die empfindlichen Punkte nur mit den Kuppen von Mittel- und Zeigefinger ohne Druck berühren.

Benutzen Sie nur einen Finger, sollten Sie leicht mit einer kreisenden Bewegung in das Gewebe eindringen (3), ohne den Hautkontakt aufzugeben. Halten Sie Ihren Finger auf dem Punkt. Verstärken Sie den Druck mit Daumen und Mittelfinger. Sie

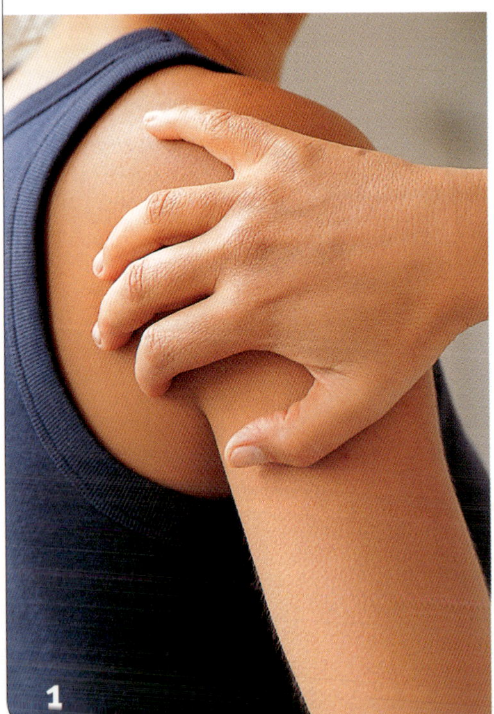

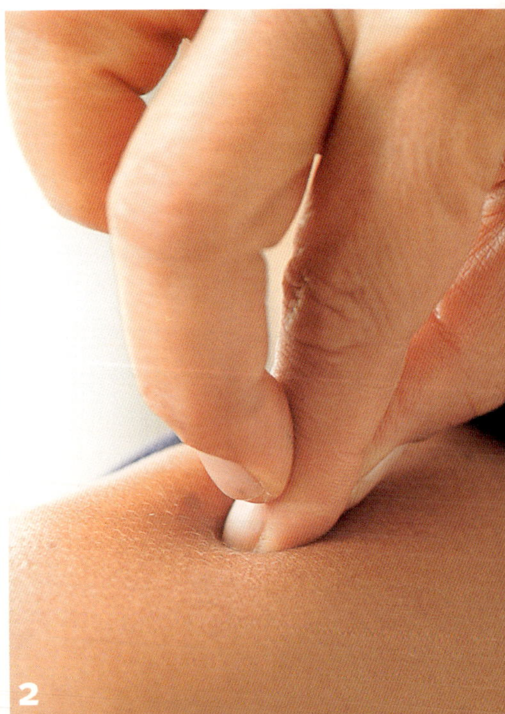

müssen nicht besonders kräftig drücken und keineswegs Schmerzen verursachen. Jede Empfindlichkeit sollte aufhören, wenn Sie den Finger wegnehmen. Dann sind massierende oder ausstreichende Bewegungen genug. Sollten Sie auf schmerzende Stellen stoßen, können Sie ober- oder unterhalb auf demselben Meridian oder einem benachbarten Meridian arbeiten. Wenn Punkte zu schmerzhaft oder wenn sie geschwollen sind, sollten Sie lieber nicht weiterbehandeln, sondern die Behandlung dann beim entsprechenden Meridian auf der gegenüberliegenden Körperseite fortsetzen.

Die Meridiane auf dem Rücken können Sie gut behandeln, indem Sie sich auf Tennisbälle legen und rechts und links von der Wirbelsäule je einen platzieren. Verändern Sie einfach Ihre Position, um sie auf und ab zu rollen. Wenn Ihre Wirbelsäule sehr steif ist oder wenn Sie Rückenprobleme haben, sollten Sie vor dieser Behandlung mit Ihrem Arzt sprechen.

Stoßen Sie auf einen empfindlichen Triggerpunkt, können Sie sanft darüber und darunter massieren und mit einem Finger fünfmal um den Punkt kreisen, bevor sie ihn mit leichtem Druck behandeln. Steigern Sie den Druck allmählich, solange es nicht schmerzhaft wird, bis sie ein wenig in die Tiefe gehen können. Streichen Sie danach mit kräftigen Handbewegungen vom Punkt weg und nach unten, um überschüssige Energie aus der Region zu entfernen.

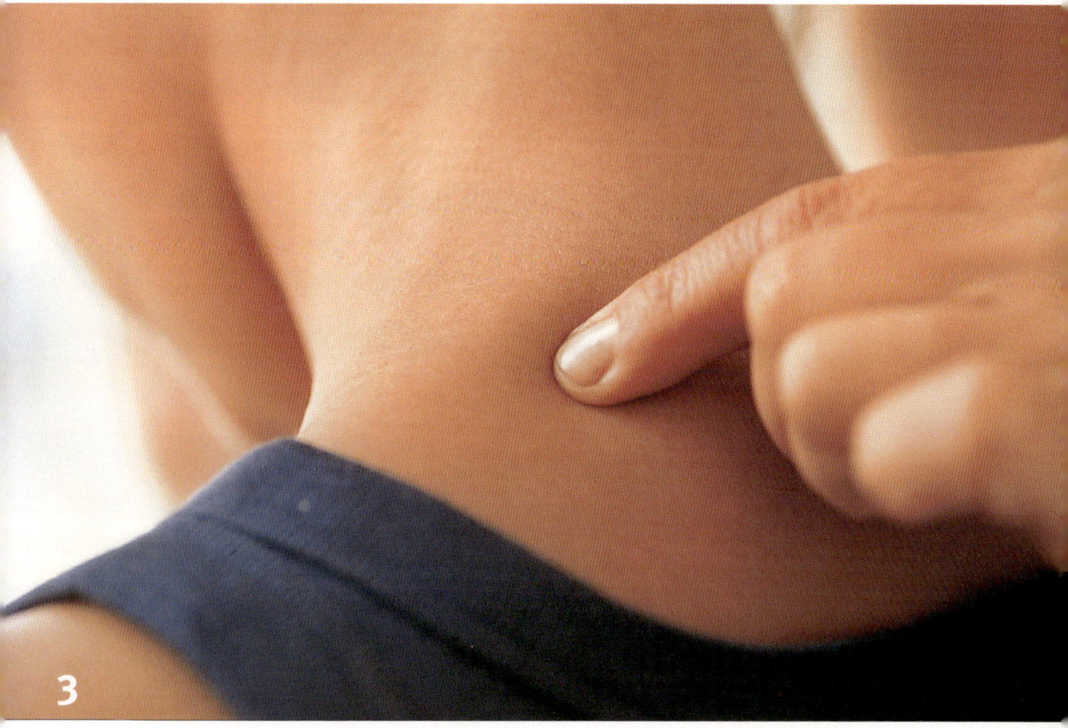

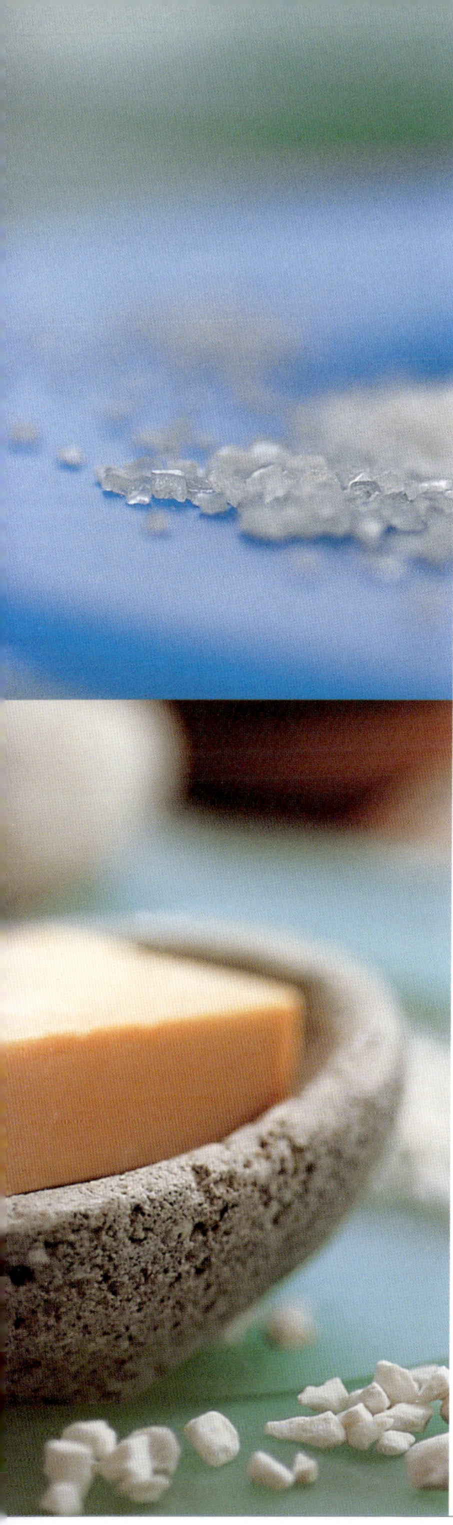

Reflexzonenmassage und Akupressur sind ideal zur Linderung von langwierigen Beschwerden, aber auch als erste Hilfe und zur parallelen Unterstützung einer schulmedizinischen Behandlung. Um eine gründliche und fachlich einwandfreie Behandlung zu bekommen, sollten Sie sich einen qualifizierten Therapeuten suchen, der Reflexzonenmassage, Akupressur oder Shiatsu anbietet. Diese sanften Methoden können jedoch keine schulmedizinische Behandlung ersetzen, wenn diese notwendig ist. Ernsthafte Infektionskrankheiten müssen immer medikamentös behandelt werden, und bestimmte Verletzungen oder Krankheiten lassen sich nur mit Hilfe eines chirurgischen Eingriffs sicher kurieren.

Behandeln Sie Beschwerden nur dann, wenn Sie genau wissen, worum es sich handelt oder eine ärztliche Diagnose vorliegt. Wenn auch scheinbar belanglose Symptome nicht verschwinden, sollten Sie einen Arzt konsultieren.

Kapitel sechs

Behandlungen

Kontraindikationen

Bei Erkrankungen wie Brust- oder Lymphdrüsenkrebs sind selbst sanfte Methoden wie Reflexzonenmassage und Akupressur nicht geeignet. Jede Form von Massage oder Energiearbeit könnte zur Ausbreitung des Krebses beitragen, auch wenn sie im Endstadium zur Schmerzlinderung durchaus nützlich wären. Auch in den ersten 16 Wochen der Schwangerschaft können diese Behandlungen riskant sein.

Bei Infektionskrankheiten, akutem Fieber oder Beschwerden, die einen chirurgischen Eingriff notwendig machen, sollten Sie von der Behandlung Abstand nehmen. Natürlich sind auch blaue Flecken, Entzündungen, Schwellungen, Hautrisse, Krampfadern oder Knochenbrüche tabu. Liegt die verletzte Stelle auf einer Seite an einem Druckpunkt, können Sie den entsprechenden Punkt auf der anderen Körperseite behandeln.

Ein ausgebildeter Reflexzonentherapeut wird Ihnen raten, vor der Behandlung Rücksprache mit dem Arzt zu nehmen, wenn Sie rezeptpflichtige Medikamente einnehmen. Ebenso wird er vor einer übermäßigen Stimulierung in bestimmten Regionen warnen. Eine gute Regel ist, nie länger als einige Minuten pro Tag an einer Stelle zu arbeiten. Im Fall einer ersten Hilfe können Sie die Behandlung auch kürzer machen und diese dafür öfter wiederholen.

Manche qualifizierten Therapeuten raten zum Beispiel bei Beschwerden am Herzen von einer Behandlung ab. Auch bei Erkrankungen, die Fußprobleme verursachen oder Infektionen übertragen können, sollte keine Reflexzonenmassage angewendet werden; behandeln Sie in diesen Fällen einfach die Hände. Diabetiker haben häufig Durchblutungsstörungen, die mitunter die Hände und besonders die Füße beeinträchtigen können. Arbeiten Sie dann immer sanft und ohne dabei Schmerzen zu verursachen.

Akupressur ist auch ungeeignet bei Phlebitis – einer Venenentzündung, die oft zu gefährlichen Thrombosen führt. Behandeln Sie Le 4 oder Mi 6 auf keinen Fall in der Schwangerschaft, da dies im schlimmsten Fall zu einer Fehlgeburt führen kann. Wenn Sie den Nierenmeridian massieren, sollten Sie stets darauf achten, an der Kreuzung mit Mi 6 keinen Druck auszuüben. Auch bei einer Massage des Kopfes müssen Sie vorsichtig sein, denn am Scheitelpunkt des Kopfes liegt der Akupressurpunkt, der den Blutdruck erhöhen kann.

Wenn Sie ernste Erkrankungen haben, sollten Sie auf jeden Fall sowohl mit Ihrem Arzt als auch mit Ihrem Reflexzonentherapeuten vor der Behandlung sprechen und nur dann damit beginnen, wenn beide einverstanden sind.

Denken Sie auch daran, dass der Ansatzpunkt dieser Behandlungsmethoden ein ganzheitlicher ist. Wenn Ihre Schulter schmerzt, weil Sie zu wenig Arbeitspausen machen, kann die Massage der Fußreflexzonen oder die Behandlung von bestimmten Akupressurpunkten nicht mehr leisten, als den akuten Schmerz zu lindern. Sie werden dadurch nicht zu einem unverletzlichen Roboter, der keine Anstrengung mehr spürt. Jeder gute Therapeut wird Ihnen raten, die Ursachen Ihrer gesundheitlichen Probleme zu beseitigen.

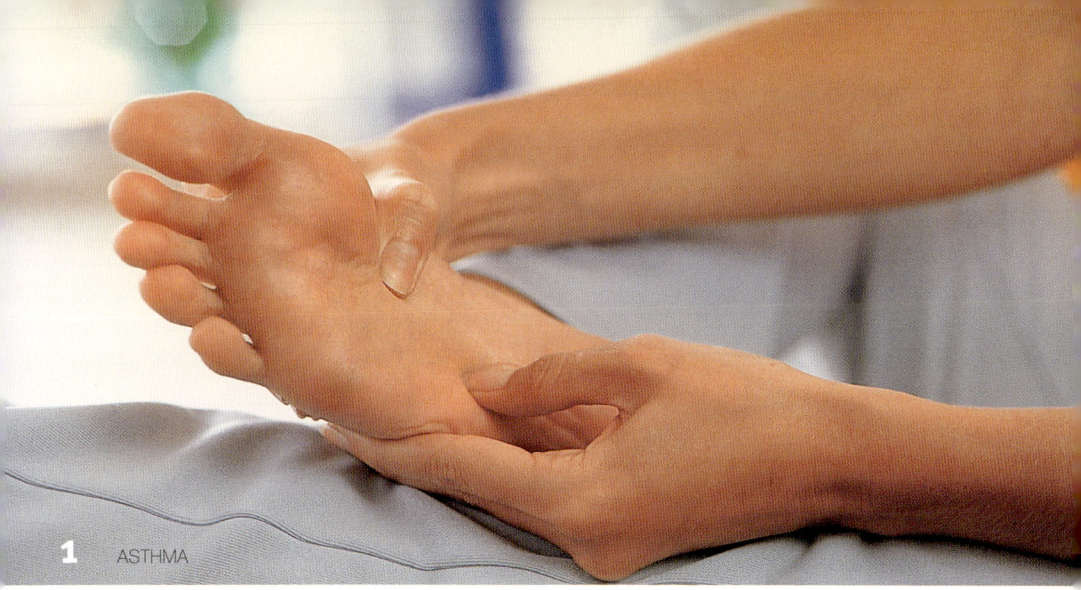

Erste Hilfe

In den folgenden Fällen haben sich Reflexzonentherapie und Akupressur als erste Hilfe bewährt. Denken Sie daran, bei der ersten Hilfe immer eine bestimmte Vorgehensweise zu befolgen. Wenn Sie kein ausgebildeter Ersthelfer sind, sollten Sie ein Handbuch über erste Hilfe im Haus und im Auto haben. Rufen Sie bei Notfällen immer einen Notarzt oder Krankenwagen. Nach der Erstversorgung helfen Sie den Betroffenen, ruhig zu bleiben und tief in den Bauch zu atmen. Durch Schock und Verletzung wird der Körper mit Adrenalin überschwemmt, das Verspannungen verursacht und Schmerzen verschlimmert, wenn es nicht beim Kampf oder bei der Flucht abgebaut wird.

Asthma und Allergien

Bei einem Asthmaanfall oder einer allergische Reaktion, sollten Sie klären, ob die betroffene Person Medikamente dagegen bei sich hat. Wenn Sie selbst einen Anfall haben, versuchen Sie die Atemübungen gegen Schmerzen zu machen. Üben Sie in Zeiten, in denen Sie frei von Beschwerden sind, vollständig auszuatmen statt immer nach Luft zu schnappen, um sich daran zu gewöhnen.

Reflexzonenmassage

Bei einem Asthmaanfall bitte immer zunächst das endokrine System und besonders die Nebennieren (siehe 1) und die Hypophyse behandeln. Danach den Solarplexus, das Zwerchfell, die Lunge und die Bronchien, um die Verkrampfung der Brust zu lösen. Bei hoher Schleimproduktion behandeln Sie die Bauhin-Klappe (1).

Allergien werden ähnlich behandelt, besonders bei Krämpfen und wenn die Nase läuft. Behandeln Sie alle von der Allergie betroffenen Körperregionen und den Hypothalamus. Da es sich bei Allergien um eine Überempfindlichkeit handelt, widmen Sie sich ausführlich den Nebennieren, um die Reaktionsbereitschaft des Körpers zu reduzieren.

Akupressur

Behandeln Sie den ganzen oberen Rücken, das hilft bei Kindern besonders gut. Lg 14 kann helfen, sowie ein Punkt gegen Asthma auf beiden Seiten des Knochenvorsprungs am Ende der Halswirbelsäule. Dieser Wirbel wird deutlich sichtbar, wenn Sie den Kopf nach vorne senken.

Warnung: *Behandeln Sie Asthma oder andere akute Atembeschwerden niemals ohne medizinischen Beistand.*

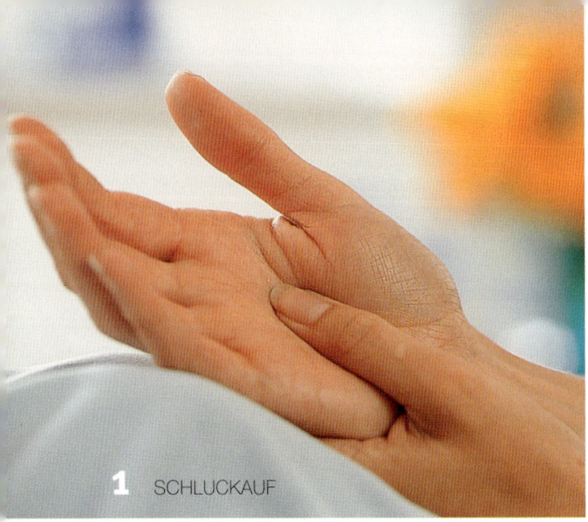

1 SCHLUCKAUF

SCHLUCKAUF

Schluckauf kann nerven, ist aber normalerweise nicht gefährlich. Sowohl Reflexzonenmassage als auch Akupressur können Linderung schaffen.

Reflexzonenmassage

Behandeln Sie zunächst die Reflexzonen des Verdauungstraktes, dann die Stimmritze, die Speiseröhre, den Solarplexus (1), das Zwerchfell, die Brustregion, die Lungen und das Herz.

Akupressur

Drücken Sie DE 17, der in der Kuhle hinter dem Ohrläppchen liegt, etwa eine Minute lang, wobei Sie sich setzen und versuchen, tief zu atmen. Halten Sie Kg 17 und Kg 22 ebenfalls für eine Minute mit leichtem Druck.

Übelkeit

Sind verdorbene Nahrungsmittel die Ursache Ihrer Übelkeit, ist Erbrechen die natürliche, gesunde Reaktion des Körpers, der sich davon befreien möchte. Dann sollten Sie das Erbrechen nicht unterdrücken, sondern darauf achten, dass die betroffene Person ausreichend Wasser trinkt, um den Flüssigkeitshaushalt zu stabilisieren. Ingwer hat sich gegen jede Form von Übelkeit erstaunlich gut bewährt, und zwar in jeder beliebigen Form. Kandierter Ingwer ist auf Reisen praktisch.

Reflexzonenmassage

Die Behandlung der Reflexzonen kann die Stabilisierung des Verdauungstraktes gut unterstützen. Bearbeiten Sie mit dem kriechenden Daumen die Speiseröhre, drücken und massieren Sie dann die Magenregion und in beide Richtungen ebenfalls die Darmregion. Schließen Sie ab, indem Sie Dickdarm und Rektum behandeln. Nach heftigem Erbrechen mit Krämpfen sollten Sie zusätzlich die Spinalnerven, die für Magen und Bauch zuständig sind, und die Zwerchfellregion behandeln. Achten Sie darauf, ausreichend viele beruhigende und sehr sanfte Ausstreichungen zu machen und nicht nur die Reflexzonen zu behandeln.

Um Reiseübelkeit zu lindern, behandeln Sie das gesamte Verdauungssystem (1) wie oben beschrieben. Sie können statt der Füße auch die Hände behandeln, falls Magenkrämpfe drohen. Kreisen Sie dann stets mit dem Daumen auf dem Solarplexuspunkt und dem Hypophysenpunkt. Kriechen Sie mit dem Daumen über das Zwerchfell und die mittlere und untere Wirbelsäule. Bei Schwindel können Sie sehr gut auch die gesamte Wirbelsäule vom Kopf bis zum Steißbein mehrfach behandeln. Um die Magenregion zu besänftigen, kriechen Sie mit dem Daumen über die Mitte des rechten Fußes, wo die Hauptreflexe für den Zwölffingerdarm und den Magenpförtner liegen. An den Händen lässt sich dies noch besser machen.

Akupressur

Pk 6 (2) gilt bei jeder Art von Übelkeit als die zuverlässigste Energiebehandlung und wird mittlerweile sogar in manchen Krankenhäusern angewendet. Gegen Reiseübelkeit gibt es bereits Armbänder, die diesen Punkt stimulieren. Halten Sie den drei Fingerbreit über dem Handgelenk in der Mitte des Unterarmes gelegenen Punkt einfach gedrückt. Auch Kg 12 (3) ist zur Linderung von Übelkeit ein wirksamer Punkt.

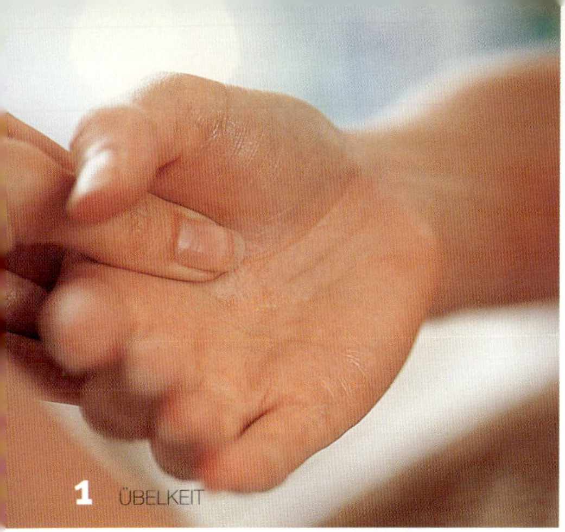
1 ÜBELKEIT

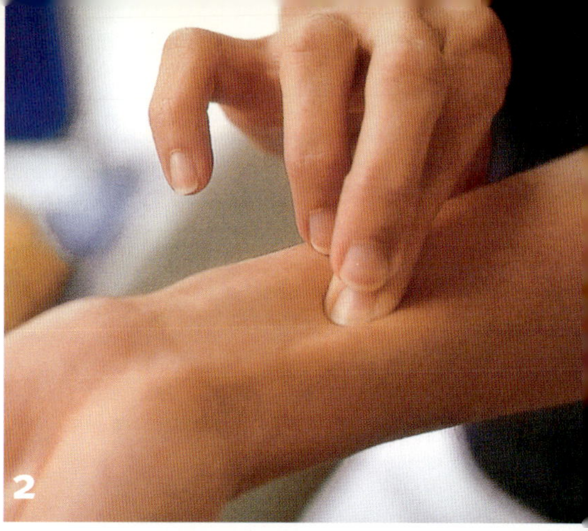
2

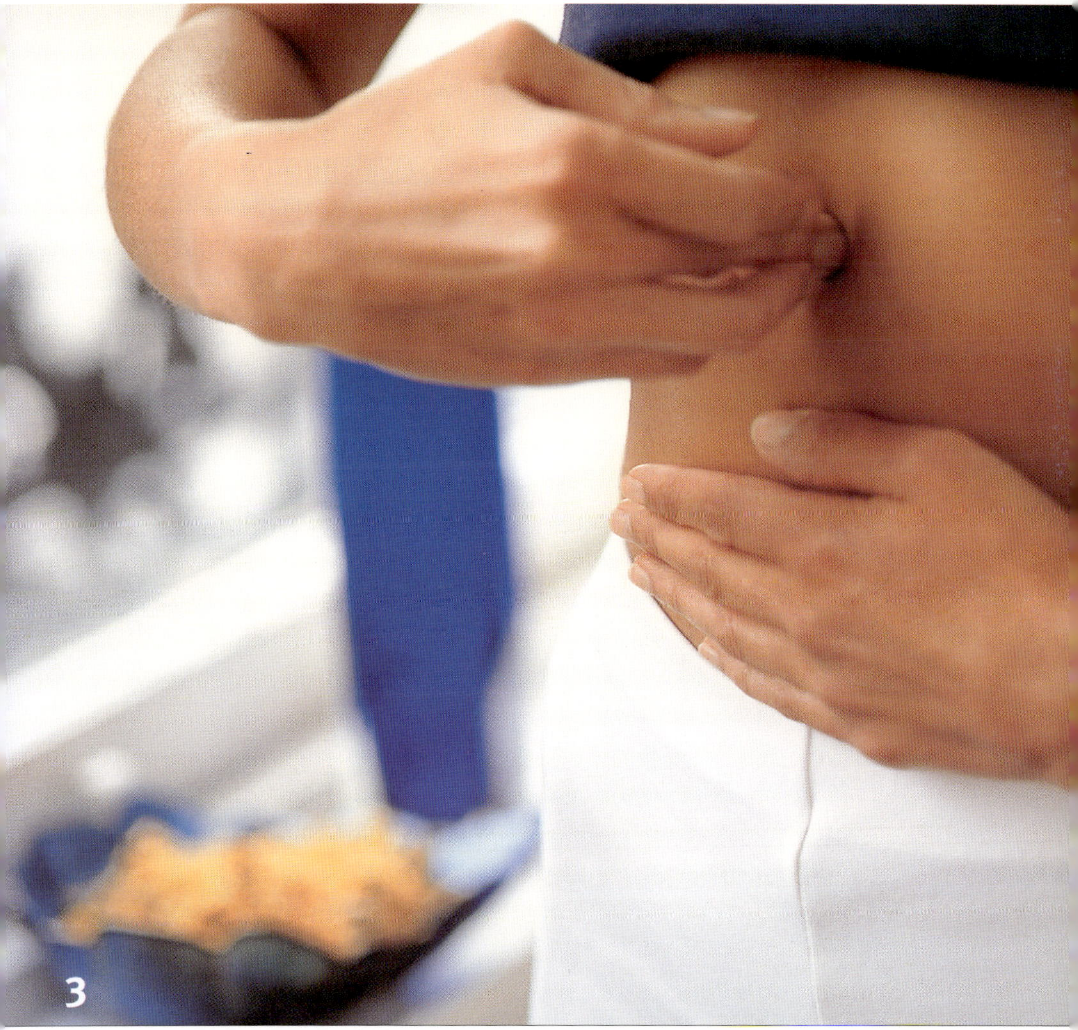
3

VERLETZUNGEN

Bei kleineren Verletzungen ist erste Hilfe wichtig: Eis bei Verbrennungen, Kompressen gegen Blutungen oder Ruhigstellen, Kühlen, Hochlagern und Verbinden bei Verstauchungen oder auch Sportverletzungen. Wenn Sie sich über die Art der Verletzung nicht sicher sind, sollten Sie die verletzte Person nicht bewegen, vor allem, wenn diese älter und gestürzt ist.

Wenn alles abgeklärt ist, können Sie mit Reflexzonenmassage oder mit Akupressur erheblich zum Wohlbefinden der verunfallten Person und zum Heilungsprozess beitragen.

Warnung: ***Wenden Sie keine Selbsthilfe an, wenn jemand ernsthafte Verletzungen wie Knochenbrüche oder innere Blutungen hat oder haben könnte. Holen Sie stattdessen einen Krankenwagen, sorgen Sie dafür, dass die verletzte Person ruhig bleibt, und bewegen Sie sie nicht. Bei Bewusstlosigkeit kontrollieren, ob die Person noch atmet.***

Reflexzonenmassage

Behandeln Sie zunächst das endokrine System, dann den Solarplexus und das Zwerchfell, um den durch die Verletzung verursachten Stress zu lindern. Bei Nasenbluten (1) drücken Sie die Nasenzone zwischen dem Nagel und dem Gelenk der großen Zehe, während die betroffene Person im Sitzen den Kopf nach vorne hängen lässt und die Nasenwurzel zusammendrückt. Bearbeiten Sie den ganzen Fuß von den Zehen bis zur Ferse, um die Energie in den Körper zurückzuholen und den Druck im Kopf zu verringern. Wenn Sie sich selbst behandeln, können Sie das an derjenigen Hand machen, mit der Sie die Nase zusammendrücken.

Akupressur

Drücken Sie am nächsten Meridian über oder unter einer Verletzung ganz leicht und halten Sie den Druck, solange es angenehm ist (2 – zum Beispiel bei Schulterschmerzen).

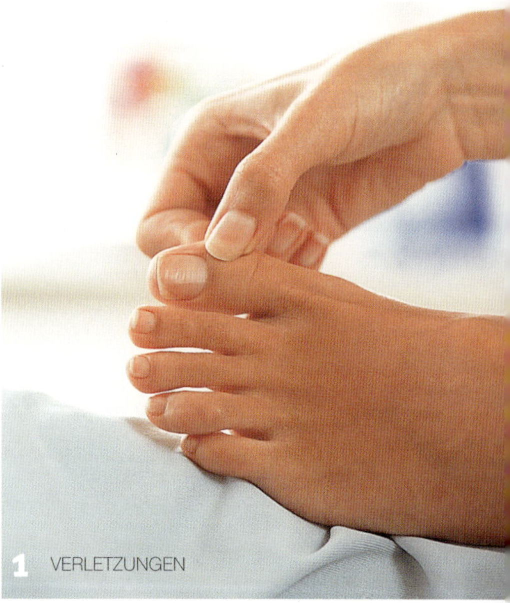

1 VERLETZUNGEN

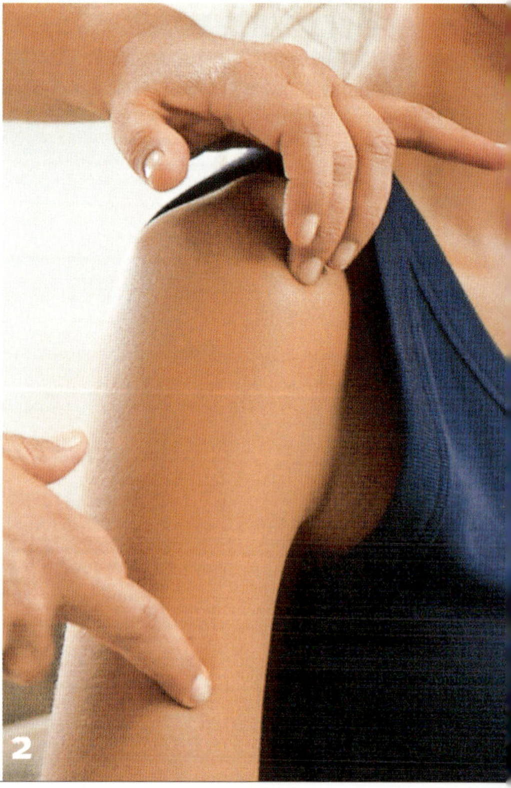

2

SCHOCK

Unfallverletzungen können oft schlimmer sein als anfangs angenommen. Wirkt der Betroffene verwirrt, müssen Sie rasch medizinische Hilfe holen. Halten Sie die Person so lange warm. Liegt sicher keine körperliche Verletzung vor, geben Sie etwas Wasser oder süßen Tee zu trinken.

Solange Sie auf ärztlichen Beistand warten, können Sie die beschriebenen Techniken anwenden. Arbeiten Sie sanft und achten Sie darauf, die Verletzungen nicht zu verschlimmern.

Reflexzonenmassage

Behandeln Sie das endokrine System, besonders die Reflexzonen der Nebennieren. „Erden" Sie die Person, indem Sie die Wirbelsäulenreflexe von der großen Zehe nach unten bearbeiten und dann den ganzen Fuß in dieser Richtung sanft ausstreichen, sodass die Energie in den Körper zurückfließt. Um den Energiefluss in der Wirbelsäule zu stabilisieren, halten Sie die Ferse mit der einen Hand fest und drücken Sie mit dem Daumen der anderen Hand den Hypophysenpunkt (1). Stellen Sie sich vor, dass Energie in der Wirbelsäule nach unten fließt. Sie können natürlich auch die Hände behandeln. Hilft bei Übelkeit, Erbrechen oder Schwäche.

Akupressur

Bei Schock durch Unfall können alle beruhigenden Punkte zum Einsatz kommen. Ma 40 (2) ist ganz besonders wirkungsvoll. Drücken und halten Sie den Punkt einige Sekunden lang, während Sie so langsam wie möglich ausatmen. Liegen die Punkte unter dem Finger- oder Zehennagel, wie zum Beispiel der Perikardendpunkt am Mittelfinger, drücken Sie sie ebenfalls mit dem Fingernagel. Dies kann zum Beispiel helfen, wenn jemand durch den Schock seine Stimme verloren hat. Ni 1 (ein Punkt der „Erdung") und Lg 26 sind ebenfalls besonders wirksam bei Schock. Ni 1 hilft gut gegen Schwindel: den Fuß flach auf den Boden drücken oder mit einem Tennisball auf den Punkt in der Mitte des Fußes unterhalb des Ballens pressen.

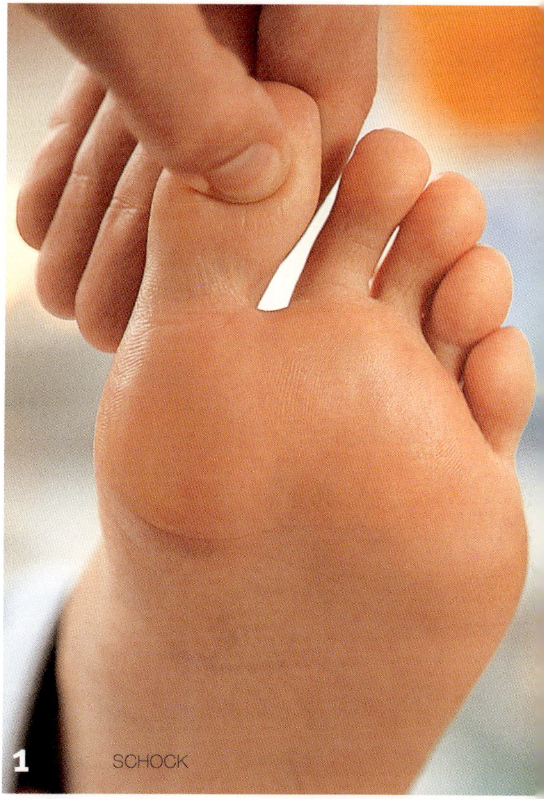

1 SCHOCK

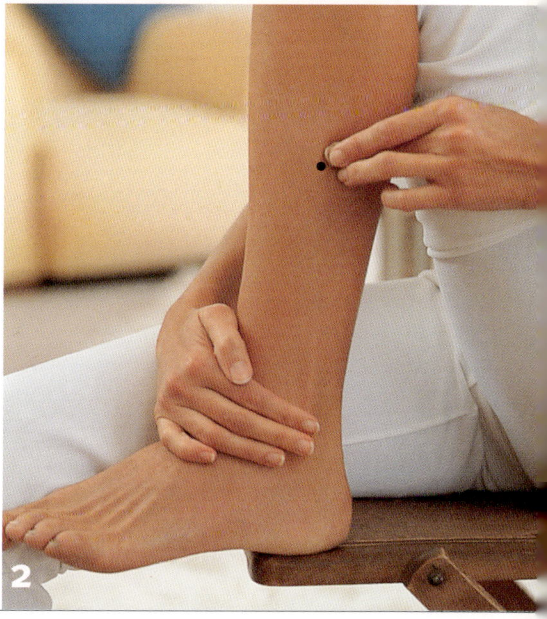

2

Schmerzen lindern

Schmerzlinderung gehörte zu den ersten Anwendungsgebieten der Reflexzonentherapie, denn noch bevor die Körperreflexzonen bekannt waren, hatte Dr. Fitzgerald bemerkt, dass er durch einen gezielten Druck auf Ohr- oder Lippenpunkte Taubheitsgefühle hervorrufen konnte. Die Berührungen der Reflextherapie können entfernte Körperteile in derselben Zone entspannen.

Reflextherapie und Akupressur suchen nach den Ursachen von Schmerz und behandeln diese nach Möglichkeit. Denn die ganzheitlichen Therapien begnügen sich keinesfalls mit der Symptombekämpfung. Dauernde Kopfschmerzen zum Beispiel können durch Verdauungsprobleme, Ängste, Schlaflosigkeit, schlechte Haltung oder unentdeckte Krankheiten verursacht werden. Diese können wiederum verschiedene Ursachen haben, denen man allen nachgehen sollte.

Viele Menschen akzeptieren Schmerz (zum Beispiel durch Arthritis) als unvermeidlichen Teil des Älterwerdens. Oft werden diese Schmerzen bekämpft, aber die Ursachen bleiben unbedacht, obwohl es immer ratsam ist, zunächst einen Arzt zu konsultieren. Wo die Schulmedizin nicht helfen kann, sind vielleicht immer noch Komplementärtherapien möglich. Arthritis bessert sich zum Beispiel häufig durch Nahrungsergänzung mit Glucosaminsulphat, Verdauungsprobleme durch Nahrungsumstellung, Rückenschmerzen durch manuelle Therapie.

Nutzen Sie also Reflextherapie und Akupressur, um das ursächliche Problem zu lösen und dabei zusätzlich durch die in diesem Buch beschriebene Behandlung Ihre Schmerzen zu lindern.

Entspannungstechniken sind zur Linderung von Schmerz ebenfalls nützlich, denn jede Art von Schmerz wird durch Anspannung schlimmer und verursacht ihrerseits Muskelspannung. Greifen Sie deshalb immer die Behandlung gegen Stress auf. Natürlich ist es schwierig, bei Schmerzen zu entspannen, aber genau so lindern Sie den Schmerz am besten. Versuchen Sie nicht, gegen den Schmerz anzukämpfen, denn das erhöht nur die Anspannung. Entspannung senkt dagegen die Schmerzempfindung im Körper und hilft Ihnen, psychisch Abstand zu gewinnen. Hier eine gute Anfangsübung: Setzen Sie sich bequem hin und stellen Sie sich vor, dass Anspannung wie Wasser aus Ihrem Körper fließt.

DIE ATMUNG

Auch Atemübungen können Schmerz lindern. Lernen Sie, langsam zu atmen und vollständig auszuatmen, dadurch sinkt der Adrenalinspiegel im Blut. Adrenalin ist das durch körperlichen oder psychischen Stress verursachte Flucht- oder Kampfhormon, das jede Schmerzempfindung noch unangenehmer werden lässt. Lassen Sie Ihren Atem also ganz natürlich langsamer werden. Legen Sie Ihre Hände seitlich auf Ihren Bauch, sodass die Fingerspitzen sich genau unter Ihrem Nabel treffen (1). Zählen Sie beim Einatmen durch die Nase bis vier und spüren Sie, wie sich dabei die Bauchdecke hebt (2).

Atmen Sie sechs Zählzeiten lang vollständig durch den Mund aus. Dabei können Sie auch einen langen Seufzer machen oder durch die halb geöffneten Lippen tief ausatmen. Wenn es sich gut anfühlt, können Sie kurz in der Atemleere ausharren, bevor Sie wieder einatmen.

***Warnung:** Wenn Sie an Epilepsie oder hohem Blutdruck leiden, sollten Sie die Atemübungen mit Ihren Arzt besprechen. Hören Sie sofort auf, wenn Sie sich schwindlig fühlen, dann haben Sie zu tief geatmet.*

Jeder Schmerz mit unbekannter Ursache sollte ärztlich abgeklärt werden. Selbst wenn Sie sich daran gewöhnen, er kann immer ein Hinweis auf eine ernste Erkrankung sein, die eventuell medizinisch behandelt werden muss.

1

2

AKUTER SCHMERZ

Geht es um Schmerz, so ist der Geist ebenso mächtig wie der Körper. Das Epilieren von Körperhaaren tut ziemlich weh und ist doch nicht vergleichbar mit dem Schmerz beim Wechseln eines Wundverbands. Ebenso wird eine Spritze beim Zahnarzt weitaus schlimmer empfunden als das Stechen von Ohrlöchern. Schmerz aus kosmetischen Gründen ist zwar manchmal recht unangenehm, aber nicht mit umständebedingtem Stress verbunden, sodass er uns nicht sehr belastet. Der Schreck über einen plötzlichen, heftigen Schmerz lässt ihn noch unerträglicher werden, deshalb ist es so wichtig, Ruhe zu bewahren. Atemübungen sind hierbei eine große Hilfe.

Akuter Schmerz wird meist durch eine Art von Unfall verursacht, deshalb ist der erste Schritt immer die Sicherung der Person und erste Hilfe. Ist die Schmerzursache unbekannt, brauchen Sie medizinischen Beistand. Sorgen Sie dafür, dass der Betroffene ruhig bleibt und tief in den Bauch atmet. Durch Schock und Unfall wird der Körper von Stresshormonen geradezu überflutet, die zu Spannungen führen und den Schmerz so noch verschlimmern, wenn sie nicht durch körperliche Anstrengung abgebaut werden.

Reflexzonenmassage

Eine beruhigende Massage (1) ist bei Schmerzen immer eine gute Sofortmaßnahme, bevor Sie besondere Punkte behandeln. Schmerz führt zu Verkrampfung, also helfen Sie dem Körper durch die Behandlung des Solarplexus- und Zwerchfellpunktes. Ermutigen Sie Betroffene, zusammen mit Ihnen lange und langsame Atemzüge zu machen. Wenden Sie sich dann dem endokrinen System zu, besonders dem Hypophysenpunkt, um die Drüsenaktivität zu normalisieren. Wenn Sie den Hypothalamuspunkt am großen Zeh massieren, drosseln Sie die Sympathikusreaktion, besonders bei einer Behandlung der Wirbelsäule von den Zehen zur Ferse. Dadurch beruhigen sich die Nerven, die den Schmerzimpuls weiterleiten. Eine Massage der Nebennierenreflexe fördert die Produktion von beruhigendem Hydrocortison, das auch Entzündungen und allergische Reaktionen lindert. Behandeln Sie gezielt die besonderen Reflexpunkte der schmerzhaften Körperregionen, um Blut- und Lymphzirkulation zu stimulieren.

Akupressur

Drücken und halten Sie Le 4. Suchen Sie außerdem nach schmerzhaften Triggerpunkten und reiben Sie zunächst sanft darüber und darunter, um Energieblockaden zu lösen. Gehen Sie dann direkt auf den Punkt und kreisen Sie darauf vorsichtig drei- bis viermal, ohne dabei den Schmerz zu verschlimmern. Streichen Sie dann nach unten und weg von der schmerzhaften Stelle aus. Wiederholen Sie das mehrmals. Diese sanfte und beruhigende Behandlung lindert besonders bei Kindern Schmerzen.

CHRONISCHE SCHMERZEN

Wenn Schmerz zu einem Teil des Lebens wird, entstehen Spannungsmuster, die nur schwer zu durchbrechen sind. Eine sanfte Massage kann der Belastung durch chronischen Schmerz gut entgegenwirken. Viele Menschen mögen keine Ganzkörpermassage, genießen aber sehr wohl die entspannende Wirkung einer Hand-, Fuß-, Kopf- oder Schultermassage. Auch Atemübungen helfen bei chronischen Schmerzzuständen.

Reflexzonenmassage

Behandeln Sie den ganzen Fuß mit kleinen Bewegungen, die Spannungen im Gewebe lösen. Kriechen Sie im Raupengang mit Daumen und Fingern an den Knochenkanten innen und außen am Fuß entlang, um Entspannung im Bereich der Wirbelsäule und der Rückenmuskulatur zu bewirken. Arbeiten Sie auf der Fußoberseite stets mit besonderer Aufmerksamkeit für alle empfindlichen Regionen. Das Zwerchfell ist ebenfalls wichtig, da es für tiefe Atmung sorgt. Bei Schmerz neigen wir zu flacher, schneller Atmung. Der Solarplexuspunkt und die Zwerchfellzone (1) tragen immer zur Entspannung bei und lassen Energieblockaden in der schmerzenden Region dahinschmelzen.

Nach der allgemeinen Behandlung können Sie sich noch einmal dem Solarplexus und dem Zwerchfell widmen, um Verkrampfungen zu lösen, dem Hypothalamus, um die schmerzleitenden Nerven zu beruhigen, und den Nebennieren, um Entzündungen zu verhindern. Bearbeiten Sie die Reflexzonen der schmerzenden Körperregionen und der Wirbelsäule von den Zehen zur Ferse.

Akupressur

Halten Sie die Hand zur Beruhigung über das Schmerzzentrum und streichen Sie von ihm weg, um überschüssige Energie abzuleiten. Ermuntern Sie die betroffene Person, den Schmerz bei der Behandlung „wegzuatmen".

Behandeln Sie Di 4, den wichtigen Ausscheidungspunkt bei allen Schmerzen im Oberkörper (siehe Seite 66). Mi 21 (2) ist zum Anstoßen des Immunsystems geeignet und um die Folgen von chronischem Schmerz zu lindern. Legen Sie Ihren Daumen in die Achselhöhle, spreizen Sie dabei die Finger am Brustkorb vorbei und drücken Sie den Punkt unter dem Mittelfinger.

CHRONISCHE SCHMERZEN

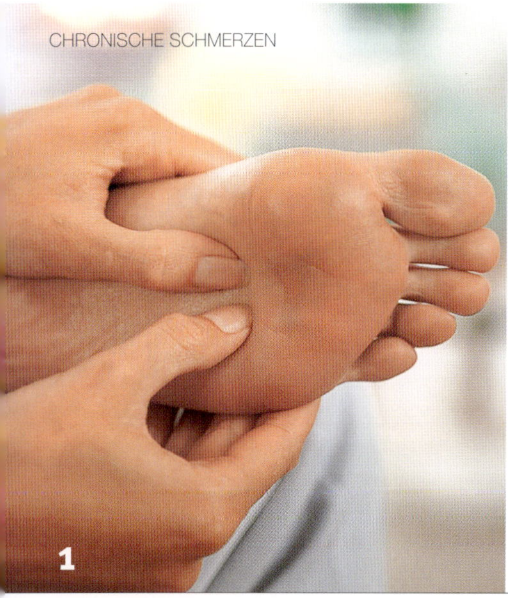

1

2

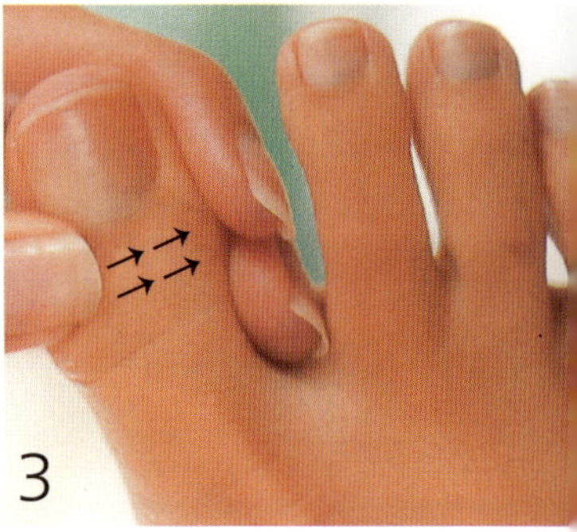

KOPFSCHMERZEN

Wenn Sie durch Ihre Arbeit Kopfschmerzen bekommen, sollten Sie Pausen an der frischen Luft einlegen, bei häufigen Kopfschmerzen schon rechtzeitig, um sie zu verhindern. Kontrollieren Sie Ihre Haltung; falls Sie Ihre Schultern hochziehen oder die Augen strapazieren, sind Kopfschmerzen unvermeidlich. Stellen Sie sich vor, den Schmerz bei den folgenden Behandlungen auszuatmen. Legen Sie die Hände zur Entspannung nach der Behandlung über die Augen (1).

Reflexzonenmassage

Behandeln Sie mit kriechendem Daumen oder Finger die Kuppe der großen Zehe – dies regt außerdem das Gehirn an. Bei Nebenhöhlenentzündung alle Zehen von allen Seiten (2) drücken. Müdigkeitskopfschmerzen in der Stirn mit Druck unterhalb des Nagels der großen Zehe (3) lindern.

Akupressur

Die verschiedenen Teile des Kopfes sind mit unterschiedlichen Meridianen verbunden. Alle Meridiane verlaufen durch den Nacken, sodass eine Nackenmassage fast in jedem Fall Linderung verschaffen kann. Konzentrieren Sie sich dabei auf den Haaransatz am Schädelrand. Behandeln Sie die Triggerpunkte, indem Sie kleine Kreise auf und mit der Haut beschreiben und dann ausstreichende Bewegungen nach unten und weg vom Nacken machen. Massieren Sie sanft das „dritte Auge“ zwischen den Augenbrauen.

Wenn Sie die Hände behandeln, beginnen Sie am Handgelenk unterhalb des kleinen Fingers und folgen der Form mit dem Zeigefinger der anderen Hand bis zum Daumenballen, so als wollten Sie die Kontur abzeichnen. Ziehen Sie an Fingern und Daumen. Drücken Sie alle Fingernägel mit dem Fingernagel des Behandlungsfingers zur Öffnung der Meridiane. Eine Fußmassage leitet überschüssige Energie aus dem Kopf und lindert Schmerz.

Wenn die Augen angestrengt sind, sollten Sie zwischen den Punkten Bl 1 und Bl 2 auf und ab reiben, also vom inneren, unteren Augenwinkel bis zur Augenbraue, und Gb 14 über der Mitte der Augenbrauen in der Mitte der Stirn behandeln. Klopfen oder massieren Sie den Knochen unter der Augenbraue.

MIGRÄNE

Versuchen Sie herauszufinden, was Ihre Migräne verursacht. Manchmal funktionieren penibel eingehaltene Ausschlussdiäten zur Vermeidung. Suchen Sie einen Spezialisten (Akupunkteur oder Physiotherapeut) auf, um sich qualifiziert behandeln zu lassen. Migräne kann viele Symptome haben, behandeln Sie also auch die Punkte für strapazierte Augen, Schwindel oder Übelkeit.

Reflexzonenmassage

Massieren Sie die Zonen für Gehirn und Zentralnervensystem an der großen Zehe, konzentrieren Sie sich auf die Reflexzonen von Kopf, Nacken und Schultern. Die Nackenmuskeln (1) liegen auf der Innenseite der großen Zehe; die Wirbel auf der anderen (2), wo sie an der Fußinnenkante in die Zonen der Wirbelsäule übergehen.

Migräne kann ebenfalls durch Nahrungsmittel ausgelöst werden, sodass sie zu Beginn immer das Verdauungssystem bearbeiten können. Gehen Sie dann zur Kopfregion, zu Hypothalamus und Hypophyse und zur Wirbelsäule, wo die Spannungen oft Kopfschmerzen verursachen.

Akupressur

Suchen Sie die Schmerzpunkte auf der Hand, zwischen zweitem, drittem, viertem und fünftem Mittelhandknochen und drücken Sie sie leicht. Ziehen Sie an den Fingern. Behandeln Sie am Schädelrand Gb 20 (3). Sie finden den Punkt neben den Rückenstreckermuskeln, wenn Sie mit dem Kopf nicken.

Massieren Sie den Nacken neben der Wirbelsäule und den Rücken etwas über der Taille, indem Sie sanft nach außen und unten streichen, um den Blasenpunkt Bl 20 (4) zu stimulieren. Behandeln Sie auch Ma 40, Mi 6, Pk 6 und Gb 14 in der Mitte der Stirn über den Augenbrauen. Kreisen und drücken Sie fünfmal.

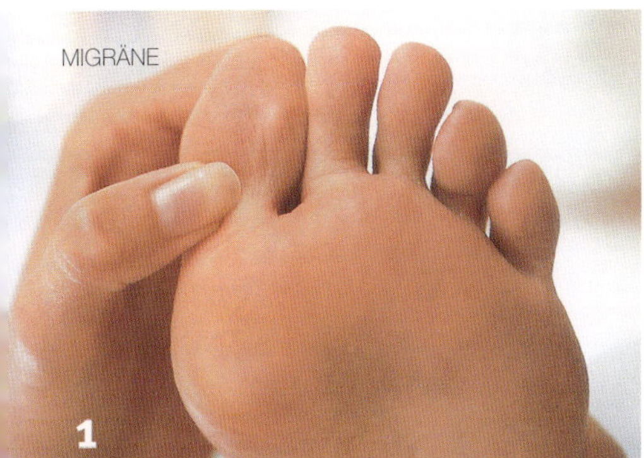

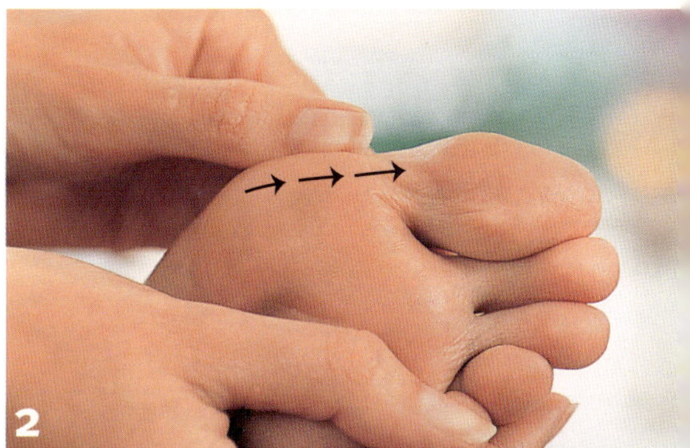

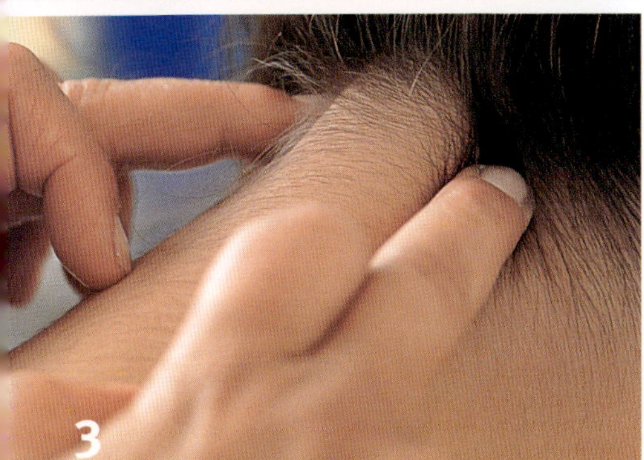

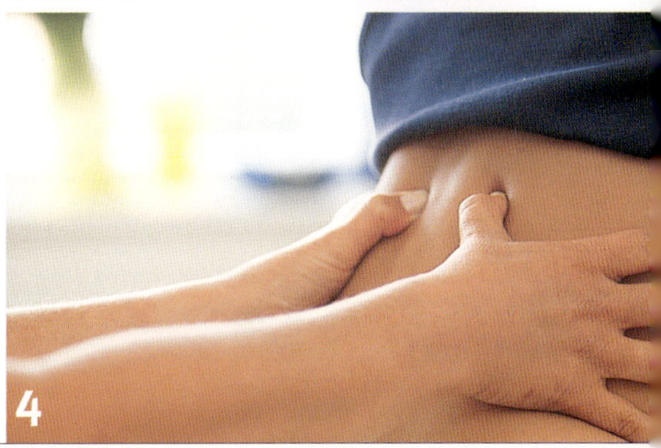

SCHULTERSCHMERZEN

Schmerzen in den Schultern sind meist durch Überanstrengung verursacht und können durch eine veränderte Körperhaltung deutlich gebessert werden. Probieren Sie hierfür einmal Alexandertechnik oder Feldenkrais aus.

Reflexzonenmassage

Kneten und massieren Sie die Oberseite und Sohle beider Füße etwa 2,5 Zentimeter unterhalb der Zehen. Kneifen, drücken und halten Sie den Schulterpunkt zwischen den Grundgelenken von viertem und fünftem Zeh (2) oder Finger bei der Handmassage (3).

Akupressur

Um steife, schmerzende Schultern zu lockern, können Sie sanft Gb 21 (4) am Übergang zum Nacken drücken, während die behandelte Person tief ausatmet und sich vorstellt, Schmerz ausfließen zu lassen. Di 11, Di 4, Ma 38, Dü 9 und Dü 10 sind ebenfalls sinnvoll.

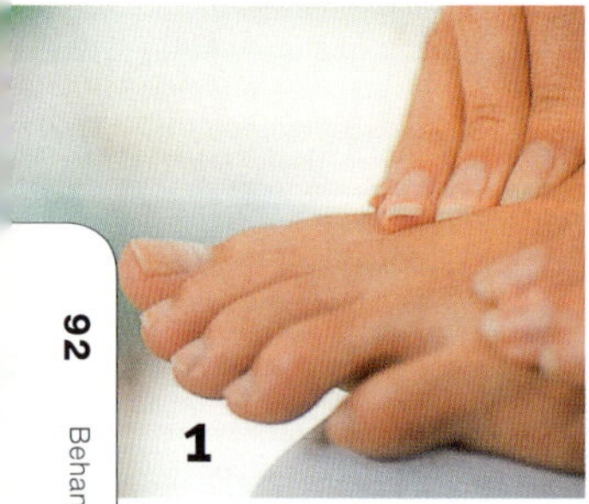

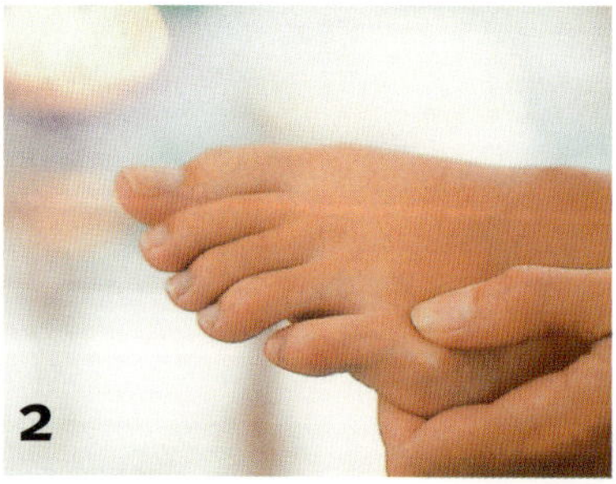

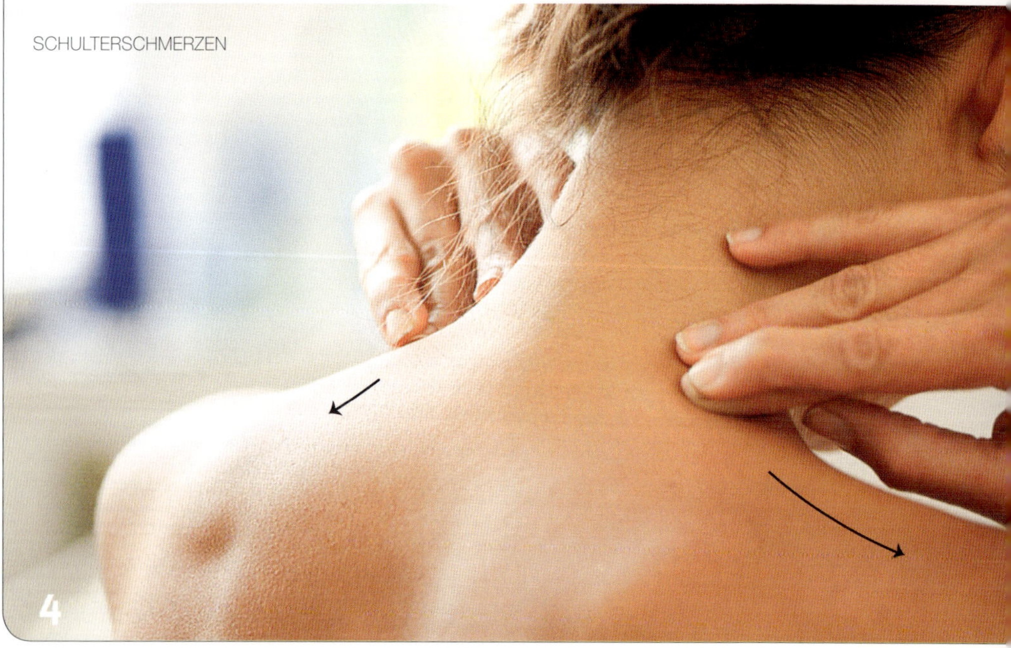

RÜCKENSCHMERZEN

Auch Rückenschmerzen lassen sich oft durch eine verbesserte Körperhaltung mildern. Hohe Absätze, eine unpassende Matratze und Möbel in der falschen Höhe können dem Rücken zusätzlich zu schaffen machen. Halten die Rückenschmerzen an oder haben keine ersichtliche Ursache, sollten Sie Ihren Hausarzt konsultieren. Schließt er gravierende Erkrankungen aus, kann Ihnen vielleicht ein Physiotherapeut, Osteopath oder Chiropraktiker helfen.

Reflexzonenmassage

An der Hand verläuft die Wirbelsäulenzone an der Daumenkante bis hinunter zum Handgelenk. Kriechen Sie mit Daumen oder Finger an der Knochenkante entlang (1). Bei müden Rückenmuskeln kneten Sie die Knochenkante mit allen vier Fingern und wandern horizontal darüber hinweg (2), um empfindliche Stellen aufzufinden. Schließen Sie mit beruhigenden Massagegriffen an der Hand nach unten ab, um die Wirbelsäulenreflexe zu erreichen. Am Fuß liegt die Wirbelsäule ebenfalls an der inneren Knochenkante.

Akupressur

Bearbeiten Sie die schmerzhaften Triggerpunkte und Gb 30 und Gb 31. Bei Ischiasbeschwerden Bl 40 in der Kniekehle behandeln. Massieren Sie den Blasen- und Gallenblasenmeridian – wenn Sie sich selbst behandeln, können Sie sich auf Tennisbälle legen (siehe Seite [illegible]).

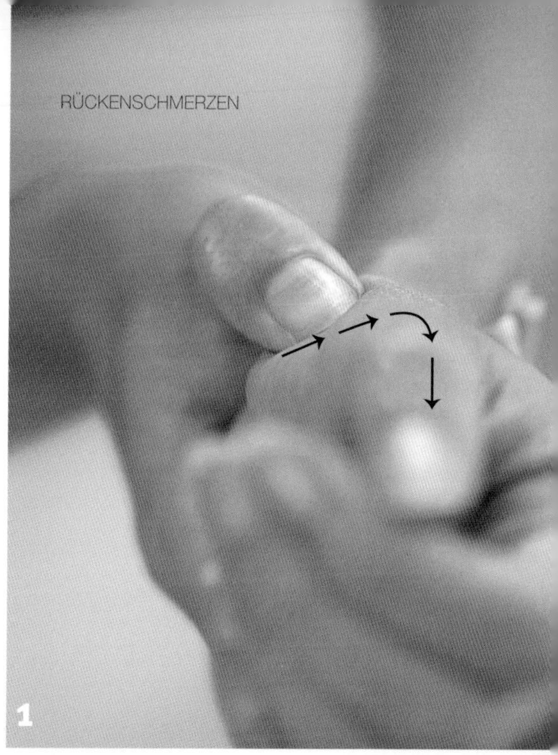
1

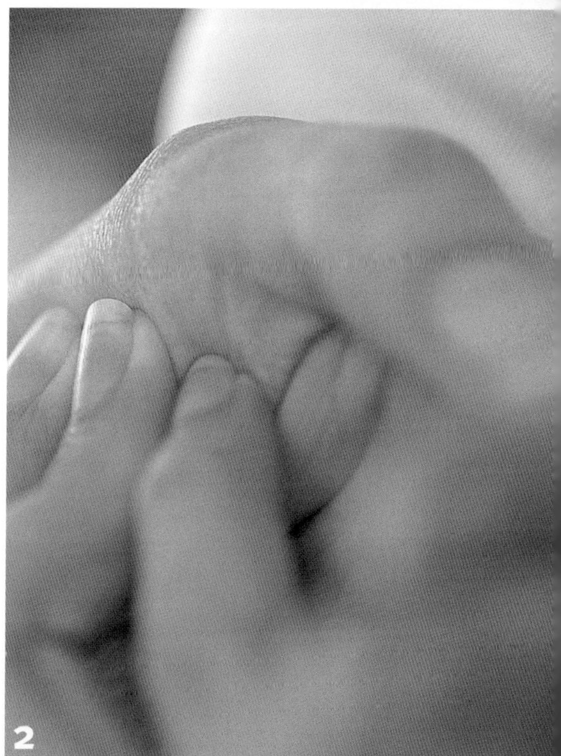
2

RSI

Das Überlastungssyndrom RSI (Repetitive Strain Injury) wird vermutlich vor allem durch die ständige Wiederholung derselben Bewegungen am Arbeitsplatz verursacht. Kaum jemand bekommt RSI durch stundenlanges Stricken, sodass Anspannung offenbar auch durch stressige Umgebung (auch in Form von grellem Licht, Lärm, schlechter Personalführung und unnötigem Druck) verursacht wird. Keine Arbeit kann so entspannt sein wie ein Abend im Wohnzimmersessel.

Passende Arbeitsmöbel tragen dazu bei, den Rücken und die Arme in einer guten Position, also so entspannt wie möglich, zu halten. Vielseitige Bewegung ist noch wichtiger: Versuchen Sie bei der Arbeit immer wieder, die Finger und Arme zu strecken und zu dehnen und die Schultern kräftig nach hinten zu kreisen. Machen Sie öfter Dehnungspausen, gehen Sie umher, dabei die Arme ausschütteln. Drücken Sie die Hände wie eine Tempeltänzerin zusammen und drücken Sie die Ellbogen nach außen.

Reflexzonenmassage

Beschwerden im Oberkörper konzentrieren sich vermutlich in den Händen, Armen und Schultern, sodass Sie diese immer wieder dehnen sollten. Handreflexzonenmassage ist hier besonders gut, aber beginnen Sie auch an den Füßen mit der Behandlung des Muskel- und Skelettsystems und des Nervensystems. Konzentrieren Sie sich dann auf die Reflexzonen von Nacken, Schultergürtel (1), Armen und Händen. Behandeln Sie anschließend die Zonen der Hüfte und Beine. Unterbrechen Sie die stressbedingten Spannungsmuster, indem Sie die Finger- und Zehengelenke mit kreisenden und dehnenden Bewegungen (2) sorgfältig behandeln.

Akupressur

Auch die Handbehandlung gegen Kopfschmerzen ist bei den verschiedenen RSI-Formen wirksam. Drücken Sie die Finger seitlich zwischen Daumen und Zeigefinger, ziehen Sie an den Fingern (3) und dem Daumen und drücken Sie mit dem Fingernagel auf alle Fingernägel. Drehen Sie die Handfläche nach oben und klopfen Sie zwölfmal den Unterarm hinauf und bis zur Armbeuge. Klopfen Sie diese ebenfalls aus. Drehen Sie dann den Arm und tun Sie dasselbe mit dem Ellbogen. Massieren Sie die Armbeuge vom Herzpunkt (am Ende der Armbeuge) aus bis nach vorne. Diese Punkte lösen diejenigen Energieblockaden, die zu RSI führen.

RSI

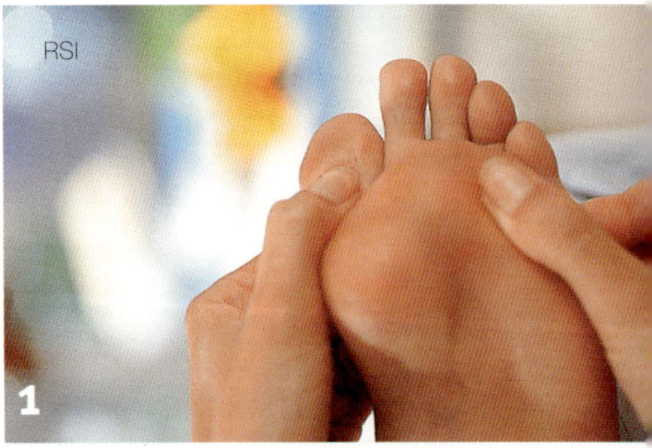

1

2

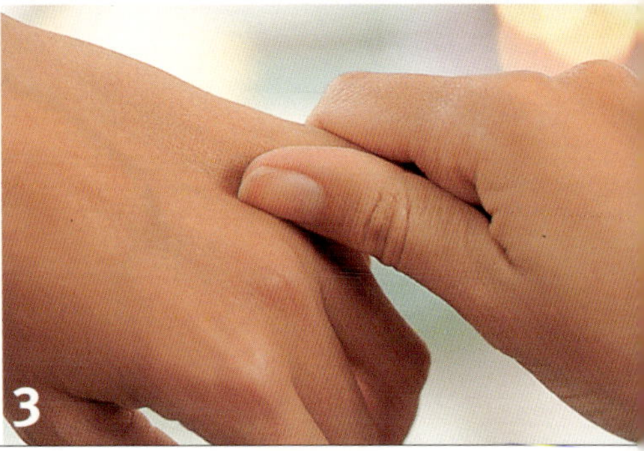

3

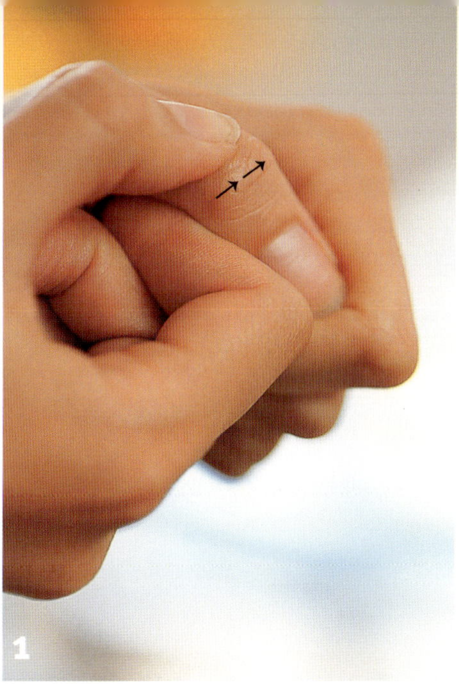

1

ZAHNSCHMERZEN

Nelkenöl oder auch Whiskey auf dem Zahnfleisch betäuben den Schmerz bis zum Zahnarztbesuch.

Reflexzonenmassage

Behandeln Sie die Kieferpunkte am ersten Gelenk der großen Zehe mit dem kriechenden Daumen, Druck und kreisenden Bewegungen. Wenn Sie an den Händen arbeiten, setzen Sie Finger und Daumen ein. Das erste Gelenk des Daumens wie das des großen Zehs behandeln (1).

Akupressur

Behandeln Sie Di 4 und Ma 4 (2). Da sich an den Händen verschiedene Punkte befinden, die bei Zahnschmerzen Linderung verschaffen, sollten Sie die ganze Hand massieren.

ZAHNSCHMERZEN

2

ARTHRITIS UND RHEUMA

Diese schmerzhaften Erkrankungen überschatten leider das Leben vieler älterer Menschen, sodass eine Reflexbehandlung oder Akupressursitzung von Freunden oder Verwandten oft als liebevolle Zuwendung empfunden wird. Achten Sie darauf, dass die behandelte Person entspannt und bequem sitzt oder liegt, und sparen Sie nicht mit langen, sanften Ausstreichungen, mit denen Sie auch stets beginnen sollten.

Reflexzonenmassage

Beginnen Sie immer mit der Behandlung gegen Schmerzen, arbeiten Sie dann das ganze Muskel- und Skelettsystem und über die große Zehe das Zentralnervensystem. Beachten Sie dabei den Hüftpunkt (1), die Knie (2) oder andere Schmerzstellen. Riskieren Sie keine Verschlimmerung, indem Sie zu lange an einem Punkt verweilen. Sie wollen ja nur den Energiefluss verbessern. Widmen Sie sich der Schild-und der Nebenschilddrüse, den Nebennieren und der Hypophyse, dem Magen, Darm und den Nieren.

Wenn Hände und Füße arthritisch sind, behandeln Sie das weniger schmerzhafte Körperteil. Seien Sie dabei sehr sanft und vermeiden Sie alle verwringenden und drehenden Bewegungen, denn diese können die Schmerzen noch weiter verschlimmern. Kriechende Bewegungen mit Daumen und Fingern und ein leichter Druck können sehr angenehm sein, solange sie nicht schmerzhaft sind.

Bei Rückenschmerzen durch Arthritis in der Wirbelsäule sollten Sie die Behandlung gegen chronischen Schmerz, dann die der Wirbelsäule vornehmen. Massieren Sie an der Seite des Fußes herunter und kriechen Sie mit dem Finger zwischen den Wirbelpunkten entlang, um eventuell eingeklemmte Nerven zu befreien und Muskelkrämpfe zu lindern, die häufig mit Arthritis zusammen auftreten.

Der Ischiasnerv hat einen eigenen Punkt: Ziehen Sie eine imaginäre Diagonale vom Knöchel zur Fersenspitze. Nach etwa drei Vierteln der Strecke beginnt das Fersenbein. Hier liegt auf beiden Seiten des Fersenbeins ein Ischiasreflex. Sie können beide gleichzeitig zwischen Finger und Daumen drücken (3). Der Ischiasnerv verläuft hier bis unter die Ferse, seien Sie vorsichtig bei der Behandlung. Wenn Sie an Ischiasbeschwerden leiden, sollten Sie diesen Punkt erst nach dem Zentralnervensystem und der Wirbelsäule behandeln. Danach nehmen Sie noch die Hüft- und Kniereflexe vor, denn der Nerv verläuft auch durch diese Gelenke.

Akupressur

Bei Rheuma behandeln Sie Lg 14 und Dü 3. Massieren Sie immer rund um die schmerzhaften Gelenke. Bei Rückenschmerzen massieren Sie die Blasenpunkte neben der Wirbelsäule, was auch Muskelspannungen löst. Di 11 am Ellbogen ist gut bei Arthritisschmerzen in Schulter und Arm.

Bei Knieproblemen umfassen Sie das Knie mit beiden Händen, sodass die Mittelfinger an der Außenkante der Kniescheibe liegen. So können Sie Ma 34 über dem Knie, Ma 36 außen am Knie und Mi 9 und Mi 10 an der Innenseite (4) behandeln. Reiben Sie das ganze Knie, um die richtigen Punkte zu stimulieren – Ma 34, 35 und 36. Massieren Sie die Außenseite des Kniegelenks und aller anderen schmerzhaften Gelenke.

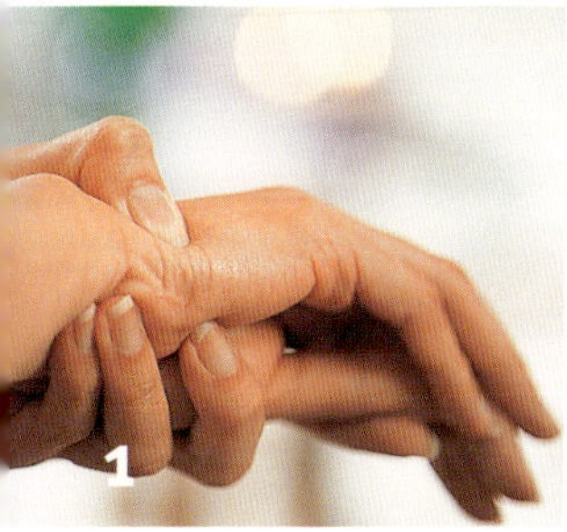
1

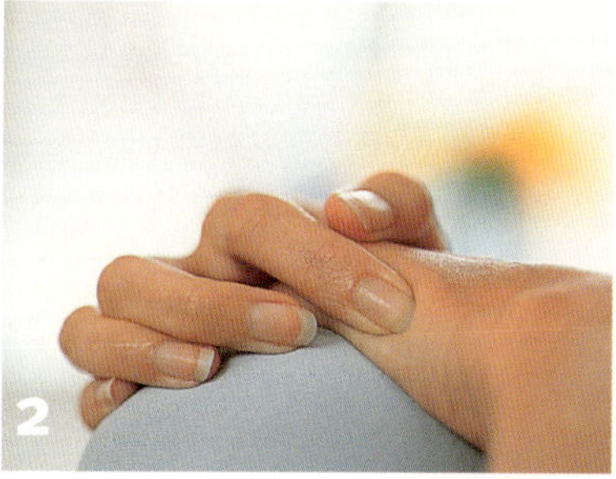
2

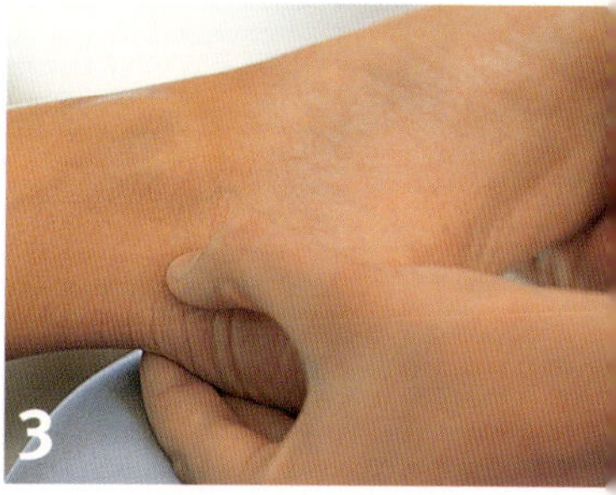
3

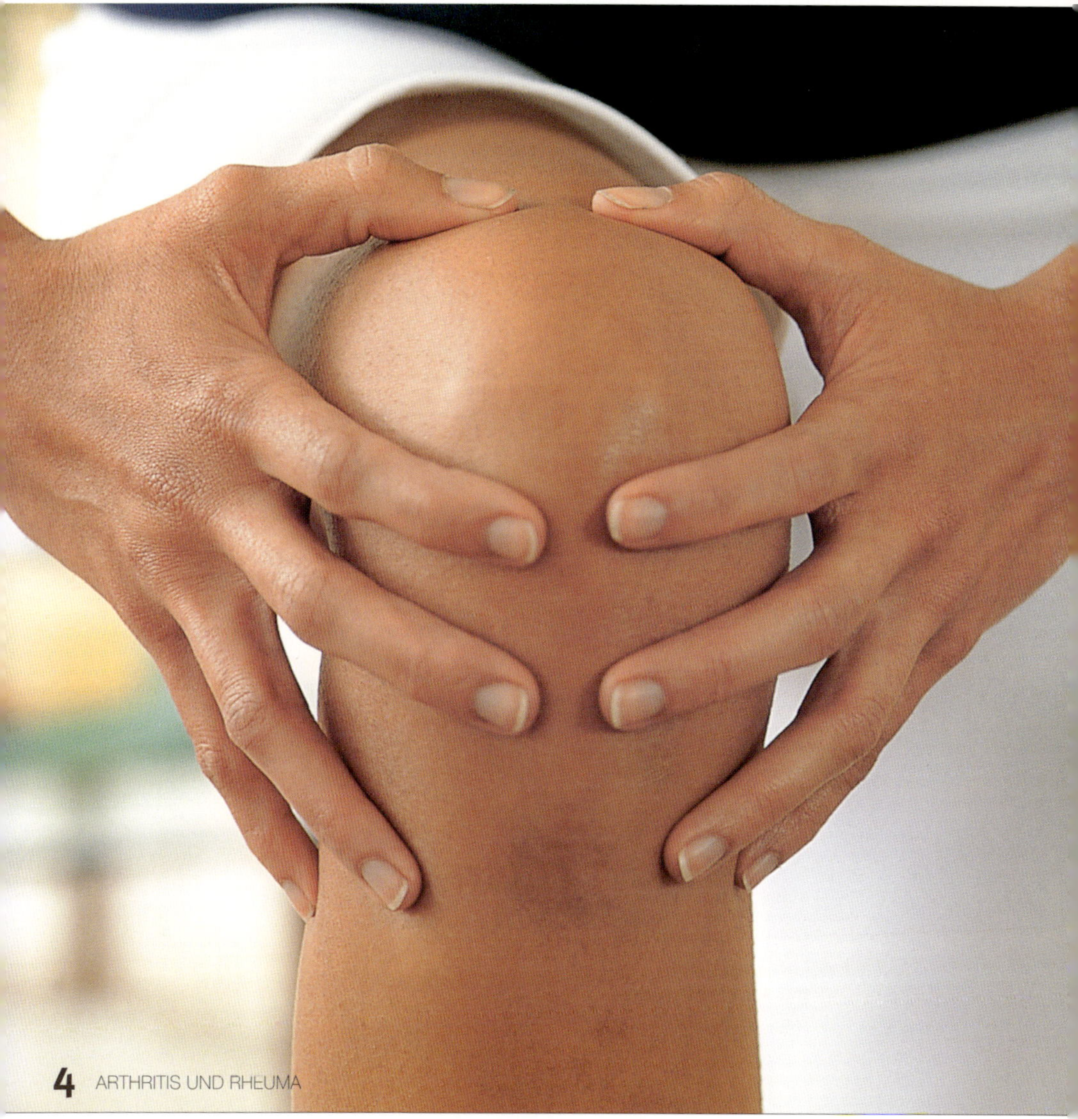

Beschwerden

Durch Selbstbehandlungstechniken können Sie Ihre allgemeine Gesundheit und auch Ihre Immunabwehr verbessern, aber auch unangenehme Symptome lindern. So auch das Gefühl der Hilflosigkeit, das langwierige Krankheiten oft begleitet.

VERDAUUNGSSTÖRUNGEN

Wenn Sie öfter unter einem verstimmten Magen leiden, sollten Sie lieber auf fettiges Fast Food verzichten, zum Essen nicht trinken und nachts nicht schwer essen. Die Hay-Diät, bei der protein- und kohlenhydratreiche Nahrungsmittel getrennt verzehrt werden, hat bei Menschen mit Verdauungsproblemen schon Wunder bewirkt. Pfefferminztee nach dem Essen ist ein einfaches Mittel, um Verdauungsstörungen zu verhindern. Denken Sie außerdem daran, dass Magenprobleme oft durch Ärger oder Angst verursacht werden, also verringern Sie Stressfaktoren in Ihrem Leben.

Reflexzonenmassage

Bei Magenverstimmung hilft dieselbe Behandlung wie bei Übelkeit (siehe Seite 82). Behandeln Sie die Leber, indem Sie ins Gewebe eindringen und den Daumen zurückziehen, und drücken Sie die Zone der Gallenblase. Wandern Sie an der Zone der Speiseröhre auf und ab und vergessen Sie Kiefer- und Mundregion nicht, denn eine Magenverstimmung geht oftmals auf eine ungenügende Speichelproduktion zurück.

Bei unspezifischen Verdauungsproblemen sollten Sie den gesamten Verdauungstrakt vom Mund bis zum Rektum behandeln. Besondere Punkte sind Leber- und Gallenblase. Wenn Sie krampfartige Schmerzen beispielsweise bei einem Reizdarm haben, sollten Sie die Reflexzonen der Schilddrüse (2) und Nebenschilddrüse (3), des Zwerchfells und des Solarplexus behandeln.

Wenn Sie unter Lebensmittelallergien leiden, vergessen Sie niemals die Nebennieren. Bei

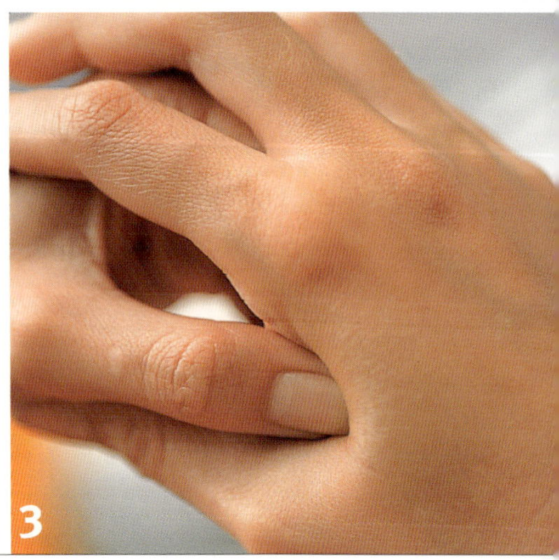

Störungen des Blutzuckerspiegels wie auch bei Unterzuckerung oder Diabetes behandeln Sie die Bauchspeicheldrüse (4). Bei Verstopfung und Hämorrhoiden ist der Dickdarm relevant, ebenso die Region hinter dem Knöchel und die Fersenregion an der Achillessehne.

Bei Diabetes sollten Sie immer darauf achten, die Bauchspeicheldrüse nicht zu überreizen und die Medikation zu kontrollieren, denn eine Reflexzonenmassage kann zu verstärkter Insulinausschüttung führen. Manche Therapeuten warnen deswegen dringend vor einer Überreizung der Bauchspeicheldrüsenzone.

Akupressur

Milz und Magen leiden vielleicht unter aggressiven Einflüssen wie chemischen Zusätzen oder auch scharfem Essen. Bei Sodbrennen behandeln Sie Kg 12 und Le 4, den wichtigen Ausscheidungspunkt. Bei Magenverstimmung und Verstopfung behandeln Sie Ma 36 und Le 4. Bei Verstopfung hilft eine Massage der Magenregion um Kg 6 (5) in kleinen Kreisen und im Uhrzeigersinn, bei Durchfall gegen den Uhrzeigersinn. Beschreiben Sie mit den Fingern kleine Kreise auf der Stelle, wobei Sie die Finger jedes Mal neu ansetzen. Massieren Sie den Bauch kreisförmig rund um den Nabel.

Der frühe Morgen ist die beste Zeit für eine Bauchmassage, weil der Magenmeridian stets zwischen 7 und 9 Uhr am aktivsten ist. Wenn Sie an Verstopfung leiden, kann die Massage auch auf der Toilette ausgeführt werden. Auch vor dem Zubettgehen können Sie den Bauch massieren, dann kann sich die Wirkung über Nacht entfalten.

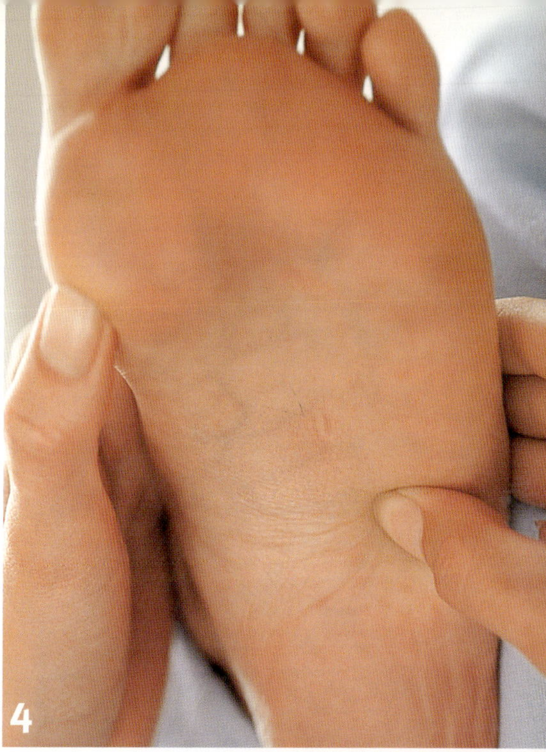

4

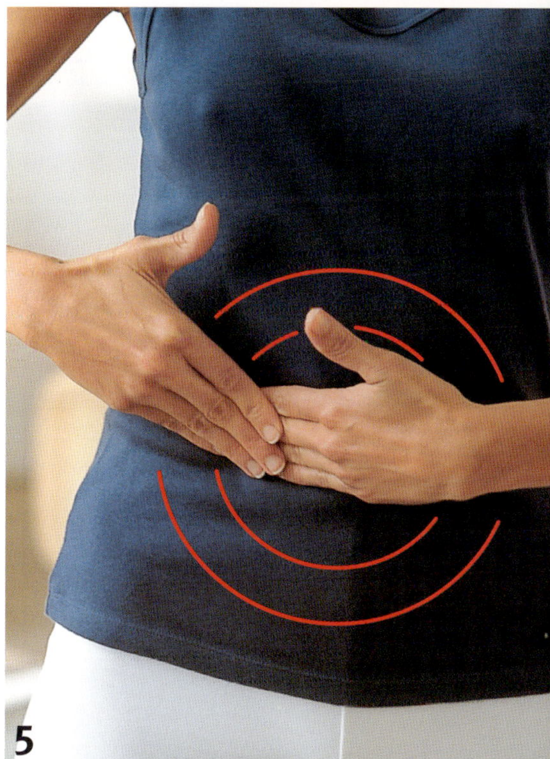

5

HAUTPROBLEME

Die Haut ist ein Organ der Ausscheidung – Schwitzen dient auch der Entfernung von unerwünschten Giften aus dem Körper – und des Schutzes. Trinken Sie viel Wasser, um reine Haut zu bekommen. Gesättigte Fettsäuren können Ihr Hormongleichgewicht durcheinander bringen. Essen Sie also weniger rotes Fleisch und weniger Fertigkost, wenn Sie unter Pickeln leiden sollten. Empfehlenswert sind Fettfischsorten (wie Makrele) und viel frisches Obst und Gemüse, um die für eine gesunde Haut notwendigen Nährstoffe aufzunehmen. Brotaufstriche auf Hefebasis aus dem Reformhaus sind eine gute Quelle für hautfreundliche Vitamine aus dem B-Komplex.

Reflexzonenmassage

Wenn Sie Hautprobleme haben, sollten Sie zuerst immer die Harnwege und das Verdauungssystem behandeln, um den Ausscheidungsprozess zu unterstützen. Widmen Sie sich dann der Leber, dem Darm (1) und den Nieren (2). Manche Hautprobleme entstehen aufgrund von hormonellen Veränderungen, deshalb sollten Sie das endokrine System behandeln. Manchmal gehen sie mit einer übermäßigen Produktion von Schleim einher, sodass Sie auch die Bauhin-Klappe behandeln können. Drücken Sie hierfür den Gesichtspunkt unterhalb des Nagels am großen Zeh.

Akupressur

Hautprobleme haben sehr oft mit Störungen im Hormon-, Verdauungs- oder Gefühlsbereich zu tun, die Sie, wenn möglich, zuerst beseitigen sollten. Zusätzlich können Sie Mi 10 und Di 4 drücken, um den Kreislauf zu stärken, und Di 11, um die Ausscheidung zu verbessern (3). Die Bauchmassage zur Förderung der Verdauung hilft oft auch gegen Hautprobleme.

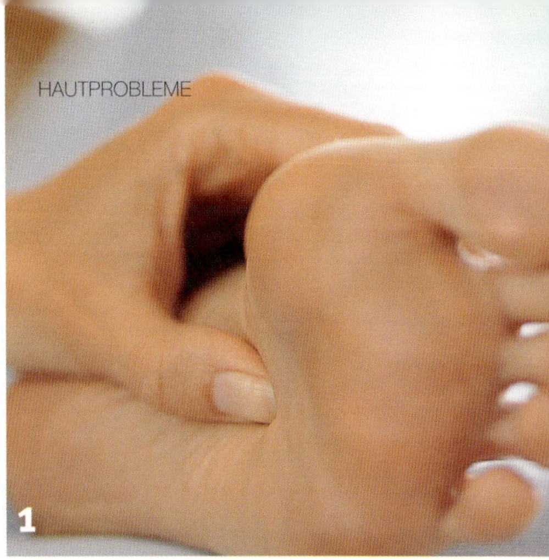

1

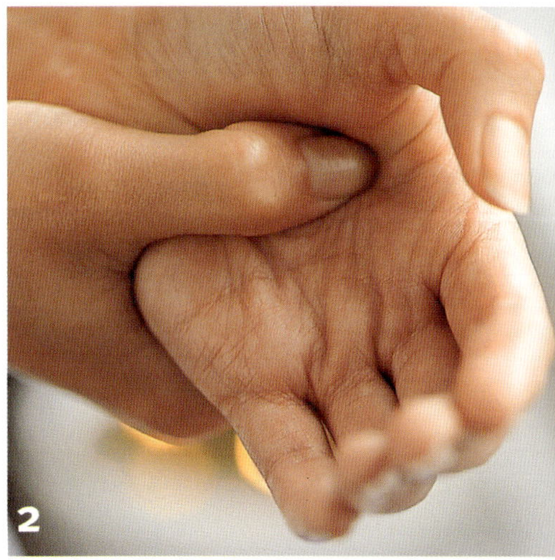

2

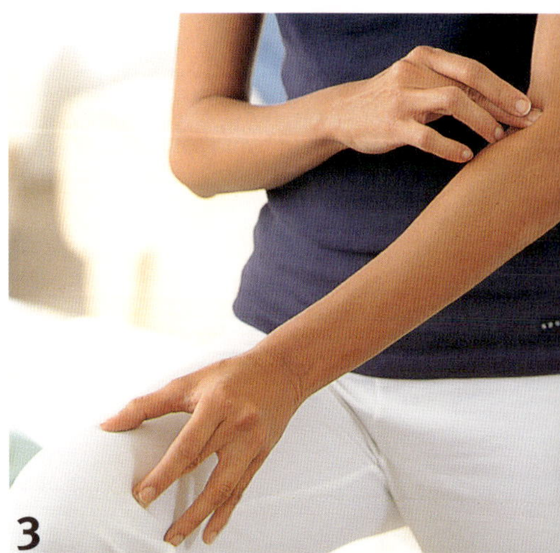

3

CHRONISCHE MÜDIGKEIT

Beim Chronischen Müdigkeitssyndrom CFS (Chronic Fatigue Syndrom), das auch myalgische Enzephalomyelitis oder ME genannt wird, geht es nicht nur um Müdigkeit. Die andauernde Erschöpfung ist nur eines von vielen unterschiedlichen Symptomen, zu denen auch Vergesslichkeit, Schweißfüße, Gelenkschmerzen und erhöhte Lichtempfindlichkeit gehören. Da CFS oft auf eine Virusinfektion oder aber eine lange Phase der Überarbeitung folgt, geht eine Erklärung von einem beeinträchtigten Immunsystem aus, das den Körper infektanfällig macht. Eine andere Erklärung ist, dass das Immunsystem überaktiv ist und den Körper angreift. Eine weitere Theorie bringt chronische Hefepilzinfektionen ins Spiel. Vermutlich ist eine Reihe von verschiedenen Ursachen für diese Erkrankung verantwortlich. Ausgleichende Therapien wie Reflexzonenmassage oder Akupressur sind bei medizinisch nach wie vor ungeklärten Leiden wie diesem sehr hilfreich. Lassen Sie sich eine vollständige Reflexzonen- oder Meridianbehandlung geben, damit der ganze Organismus davon profitiert. Wenn Sie herausfinden können, was die Störung oder Rückfälle verursacht, sollten Sie dies bei der Behandlung berücksichtigen. Behandeln Sie zum Beispiel den Gallenblasenmeridian, um dem Körper bei der Verarbeitung von Giften zu helfen.

Reflexzonenmassage

Am besten behandeln Sie Hand und Fuß auf jeder Körperseite etwa zehn Minuten lang mit Reflexzonenmassage. Wenn Sie keine Zeit haben, um sich allen Systemen zu widmen, verwenden Sie die Techniken gegen Müdigkeit und die anderen Symptome.

Um das Immunsystem zu stärken, bearbeiten Sie das endokrine und lymphatische System, das Gehirn und die Ausscheidungsorgane. Betonen Sie Leber- und Milzmeridian (1).

Akupressur

Die bereits vorgestellten Techniken zur Vitalisierung können ebenso helfen wie die besondere Behandlung von Symptomen. Der Punkt des „dritten Auges“ zwischen den Augenbrauen und Kg 6 genau unterhalb des Nabels, das „Meer der Energie“, helfen gegen Erschöpfung, Schwindel und auch Verwirrung.

Massieren Sie Ihren Rücken auf der Höhe der Taille. Gehen Sie von der Wirbelsäule nach außen zu den Seiten, so bearbeiten Sie damit mehrere Punkte, darunter Bl 23. Pk 6 kann bei Übelkeit und Herzklopfen helfen. Zwei gute Punkte gegen Schwäche und Muskelschmerz liegen genau unter dem Knie: Gb 34 und Ma 36. Reiben Sie die ganze Region, wenn Sie nicht sicher sind, die Punkte zu finden.

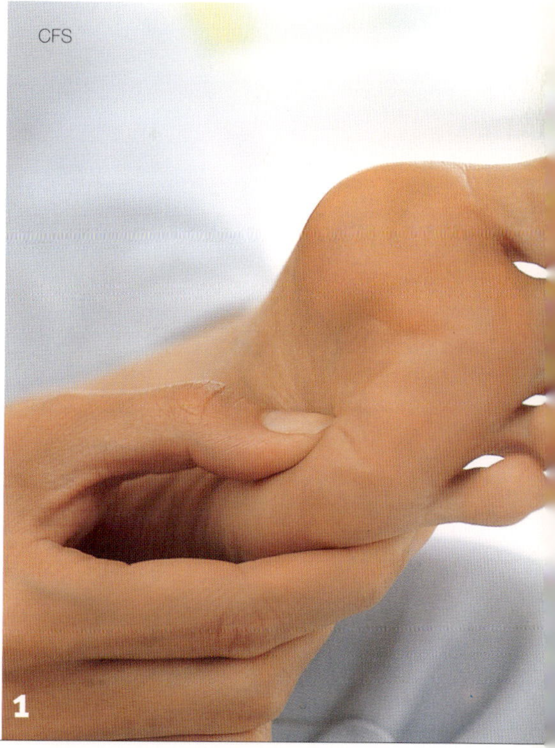

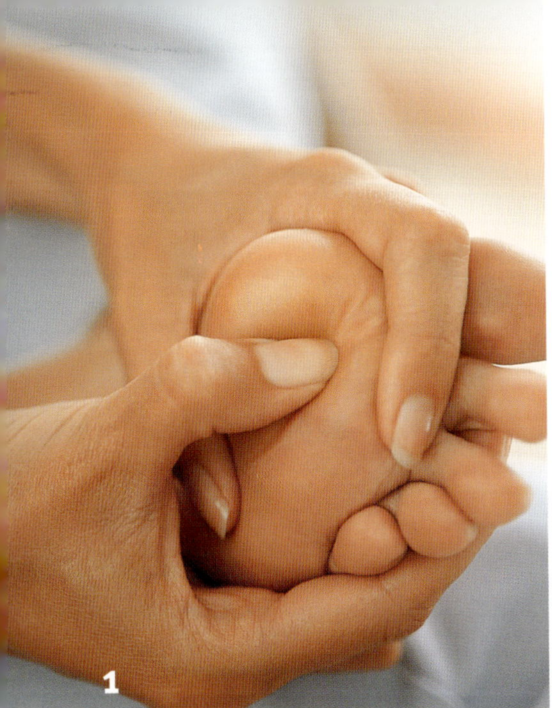

ERSCHÖPFUNG

Müdigkeit ist nach einem langen Arbeitstag eine natürliche Reaktion. Fühlen Sie sich jedoch immer erschöpft und müde, sollten Sie einmal nach den Ursachen forschen. Vielleicht sind Sie überarbeitet und müssen Ihr Arbeitspensum reduzieren, gesünder essen und mehr Zeit für Entspannung einplanen. Wenn sie überarbeitet sind, sollten Sie Distanz einnehmen und neue Prioritäten setzen. Das ist zwar schwierig, aber Sie tun niemandem einen Gefallen, wenn Sie sich zu Tode arbeiten.

Wenn Sie aber immer müde und lethargisch sind, obwohl Sie kaum etwas getan haben, ist das etwas anderes. Vielleicht leiden Sie an einem durch Depressionen, Schilddrüsenfunktionsstörungen oder andere Gründe verursachten Müdigkeitssyndrom und sollten dringend einen Arzt aufsuchen. Manchmal ist Langeweile oder Unglück der Grund für die Müdigkeit, oder Sie fühlen sich eingesperrt oder gefangen. Auch in diesem Fall können die hier vorgeschlagenen Behandlungen nur die Symptome von Beschwerden lindern, die Sie überwinden sollten.

Reflexzonenmassage

Um den Energiefluss im Körper anzuregen, behandeln Sie in einer Sitzung immer Hände und Füße. Vielleicht haben Sie den Eindruck, in einer müden Person nur sehr wenig Reflexreaktionen wahrzunehmen. Die Muskeln fühlen sich schlaff an, Hände und Füße sind kalt und fühlen sich ebenfalls energielos an. Ist die behandelte Person auch angespannt und nicht nur müde, kann die Reaktion besser, aber auch empfindlicher sein.

Wenn Sie eine andere Person behandeln, sollten Sie sich die Zeit für eine vollständige Massage nehmen, da das ganze System eine Tonisierung braucht. Empfindliche Stellen können Sie etwas länger behandeln.

Eine schnellere Verjüngung erreichen Sie durch die Behandlung des endokrinen Systems, der Nebennieren (die erschöpft sind), der Leber, der Thymusdrüse (1) und der Hypophyse. Klopfen Sie leicht auf das Brustbein, um die Thymusdrüse direkt anzuregen (2).

Akupressur

Behandeln Sie Ni 1, die „sprudelnde Quelle“, an der Fußsohle. Ma 36 ist ein wichtiger Energiepunkt genau unter dem Knie, und Mi 21 ist ebenfalls nützlich. Um bei Erschöpfung Vitalität und ein Gefühl von Gleichgewicht zu entfalten, setzen Sie sich mit flachen Füßen auf einen Stuhl und drücken eine Hand auf das Kreuzbein, um Lg 4 zu stimulieren. Die andere Hand legen Sie unter dem Nabel auf den Bauch, um Kg 4 zu berühren. Stellen Sie sich nun vor, Ihre Müdigkeit auszuatmen und ein goldenes Licht einzuatmen, das Energie in Ihrem Körper verströmt.

SCHLAFLOSIGKEIT

Energiearbeit funktioniert am besten, wenn auch der Lebensstil verändert wird. Versuchen Sie Ihren Geist vor dem Zubettgehen von allen Sorgen zu befreien. Hören Sie eine Entspannungskassette oder beruhigende Musik. Gewöhnen Sie sich an eine abendliche Routine, zum Beispiel ein warmes Aromatherapiebad, eine Tasse Kamillentee oder eine Entspannungsübung. Wenn Sie nicht schlafen können, sollten Sie aufstehen und in einem anderen Raum lesen, bis Sie sich schläfrig fühlen. Lesen Sie keine aufregenden Thriller.

Reflexzonenmassage

Behandeln Sie zuerst das Gehirn, dann die Wirbelsäule, um tiefer liegende Spannungen zu lösen, die den Schlaf stören. Gehen Sie dann zur Zirbeldrüse (1), die den Biorhythmus stabilisiert, zur Hypophyse, um die Hormone zu regulieren, zu den Nebennieren, zum Solarplexus und dem Zwerchfell, um Stress abzubauen.

Akupressur

Die Behandlung hängt hier von den Ursachen ab. Was die traditionelle chinesische Medizin als überaktives Organ oder stagnierendes chi erkennt, wird mit einer Meridianmassage zur Öffnung der Energiekanäle behandelt. Wenn Sie selbst überaktiv sind, kann dies an der Gallenblase liegen. Haben Sie zu fett gegessen, ist immer die Leber relevant. Wenn Sie erregt sind, behandeln Sie den Herzmeridian und H 7 (2, rechte Hand).

Um den Schlaf generell zu verbessern, massieren Sie den Punkt des „dritten Auges“ (2, linke Hand) oder reiben Sie die Innen- und Außenseiten der Fersen, um Ni 6, die „geschlossenen Augen“, und Bl 62, „ruhigen Schlaf“ (3), zu behandeln. Ni 6 (gegenüber Bl 62 auf der anderen Seite der Ferse) kann auch den gegenteiligen Effekt haben und beim Wachbleiben helfen.

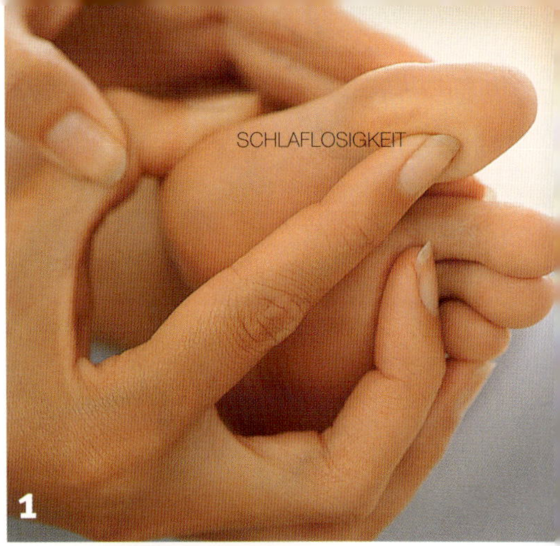

1

2

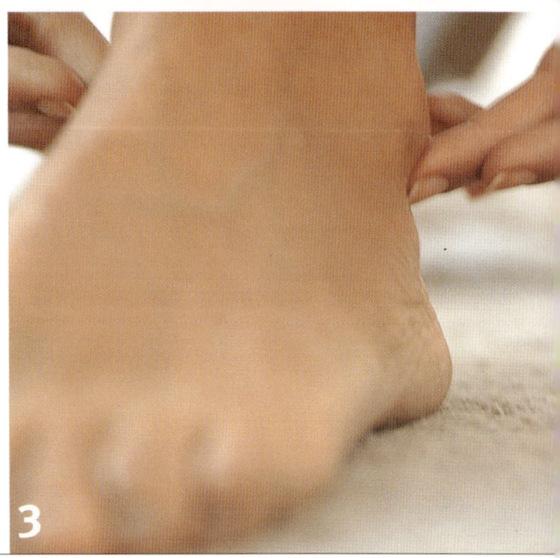

3

HUSTEN, ERKÄLTUNG, LUNGENLEIDEN

Um Infektionen zu vermeiden und die Menge der Keime zu verringern, die ins Gesicht und die Atemwege gelangen, sollten Sie Ihre Hände häufig waschen. Eine tägliche Dosis Vitamin C kann helfen, wenn Sie die Einnahme schon bei den ersten Symptomen beginnen. Nehmen Sie etwa ein Gramm – mehr kann zu Durchfall führen. Wenn Sie eine Erkältung oder Lungenentzündung haben, müssen Sie nach einer Reflexmassage viel Wasser trinken, um die verstärkte Ausscheidung auszugleichen und die Nierenfunktion anzuregen.

Reflexzonenmassage

Behandeln Sie die ganze Lungenregion gründlich und achten Sie auf verhärtete Stellen. Bei Halsschmerzen nehmen Sie sich die Halsregion an Vorderseite und Seiten der großen Zehe unterhalb des Nagels vor (1). Die Thymuszone leistet bei Schnupfen gute Dienste. Behandeln Sie die Lymphknoten am Hals mit Kreisbewegungen zwischen und unter den Zehen. Die Seiten der Zehen (2) reiben, um den Abfluss aus den Nebenhöhlen zu verbessern. Ziehen Sie den Zeigefinger von allen Zehen zur Brustregion. „Melken" Sie die Häute zwischen den Fingern und die Gelenke, um die Lymphknoten zu stimulieren.

Lungenprobleme hängen oft mit einer unzureichenden Entgiftung des Körpers zusammen, also Bauchregion und Harnwege behandeln. Am linken Fuß den Milzreflex behandeln – das stimuliert das Immunsystem – und den Reflex der Bauhin-Klappe zur Normalisierung der Schleimproduktion.

Akupressur

Bei Husten und Erkältung behandeln Sie Ni 27 (4). Den oberen Rücken neben der Wirbelsäule zwischen Bl 11 und Bl 13 massieren, bei Bronchitis und Emphysem Lu 1 an der oberen Brust.

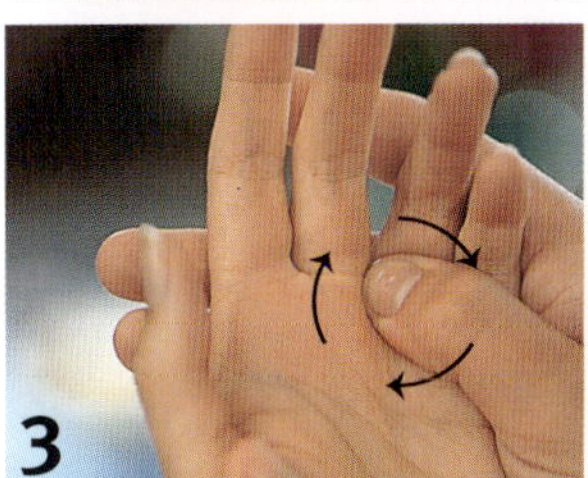

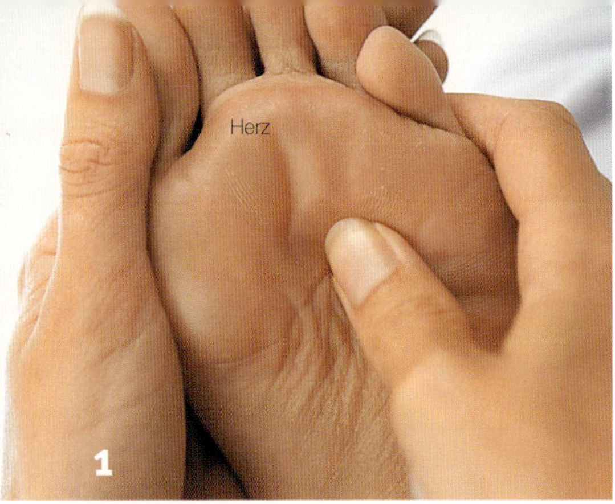
Herz
1

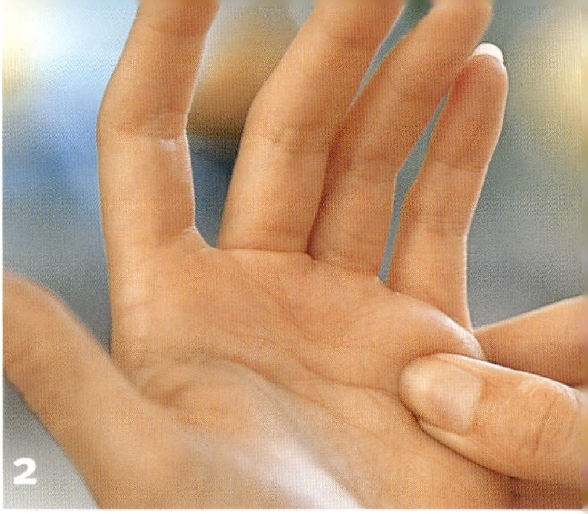
2

3

HERZ

Um Ihrem Herzen etwas Gutes zu tun, geben Sie am besten das Rauchen auf. Finden Sie eine gesündere Alternative und sparen Sie das Geld. Nahrungsergänzungen haben nachweislich eine äußerst gute Wirkung bei Herzproblemen: Täglich 1 bis 2 Gramm Vitamin C, 100 bis 400 Milligramm natürliches Vitamin E (d-Alpha-Tokopherol) und ein Vitamin-B-Präparat (es sollte ausreichend Folsäure enthalten) sind die wichtigsten. Stress ist für das Herz ebenso schädlich wie Nikotin, versuchen Sie ihn also zu vermeiden. Meditation und Atemübungen sind ebenfalls günstig.

Reflexzonenmassage

Um das Herz zu stärken, sollten Sie eine vollständige Reflexzonenbehandlung machen. Dadurch können Sie Energie von außen nach innen zum Herzen führen. Wenn Sie wenig Zeit haben, behandeln Sie Atemwege und Herzzonen (1, 2), um die Sauerstoffversorgung zu verbessern.

***Warnung:** Bei Thrombosegefahr darf keine Reflexbehandlung durchgeführt werden. Sie regt den Kreislauf an und Blutgerinnsel könnten sich losreißen. Fragen Sie Ihren Arzt (er sollte die Wirkung der Reflexbehandlung kennen), denn eine sehr sanfte Behandlung ist manchmal möglich.*

Akupressur

Reiben Sie mit der flachen Hand sanft die Mitte der Brust, rund um den Herzpunkt Kg 17 (3), während Sie ausatmen und Ihre Schultern und Ihren Geist entspannen. Behandeln Sie Herz- und Dünndarmmeridian.

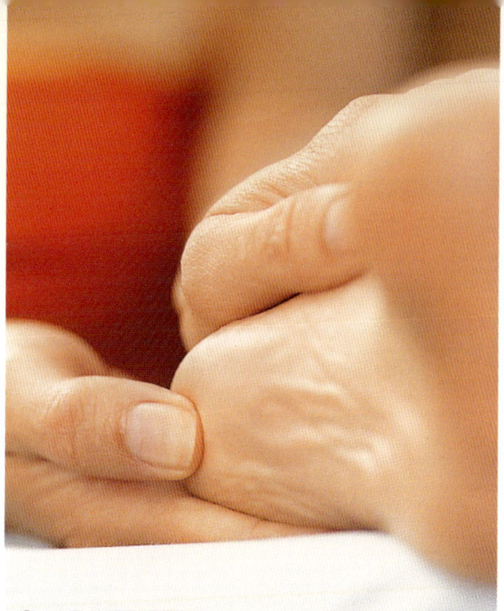

1 KRAMPFADERN

KRAMPFADERN

Durch langes Stehen kann das Blut in den Beinen versacken. Versuchen Sie deshalb, so viel wie möglich umherzugehen, wenn Sie schon stehen müssen. Wenn Sie hingegen viel sitzen müssen, sollten Sie die Beine nicht überschlagen, öfter mit den Füßen kreisen und mit den Zehen wackeln, um den Rückfluss des venösen Blutes zu fördern.

Reflexzonenmassage

Behandeln Sie die Ausscheidungsorgane, denn Verstopfung verschlimmert Krampfadern. Widmen Sie sich der Herzzone (denn dies ist ein Kreislaufleiden), den Nebennieren, dem Zwerchfell und Solarplexus, aber auch dem Arm und der Schulter, um Kreuzreflexe anzuregen. Natürlich sind auch die unteren Beine wichtig – an der Fußaußenseite vom Kniepunkt zur Ferse.

Akupressur

Machen Sie bei Mi 9 am anderen Bein weiter. Falls die Krampfadern an beiden Beinen auftreten, wenden Sie auf Mi 9 nur leichten Druck an. Zur Kreislaufstärkung behandeln Sie die Punkte, die positiv aufs Herz wirken.

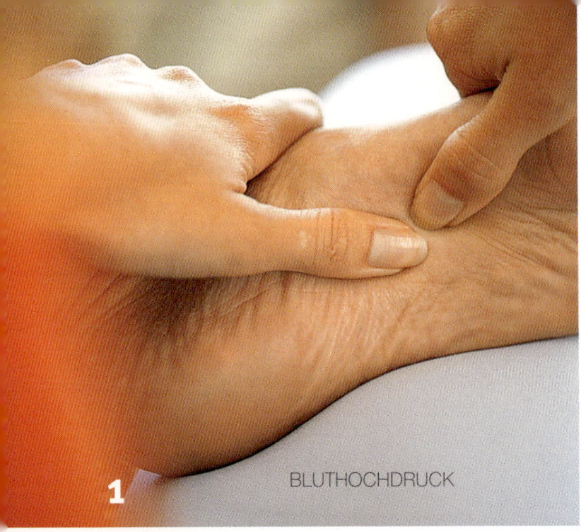

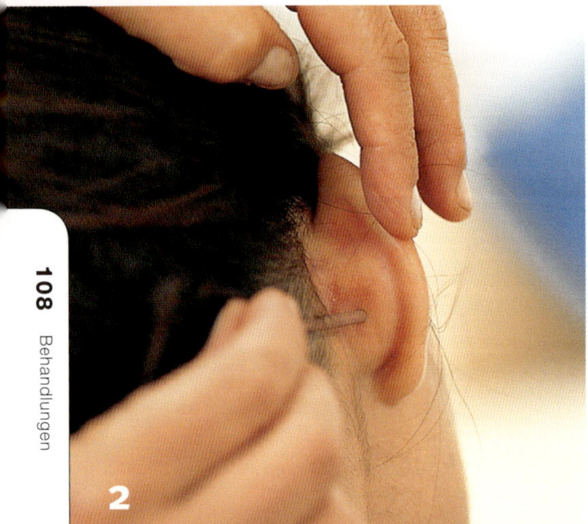

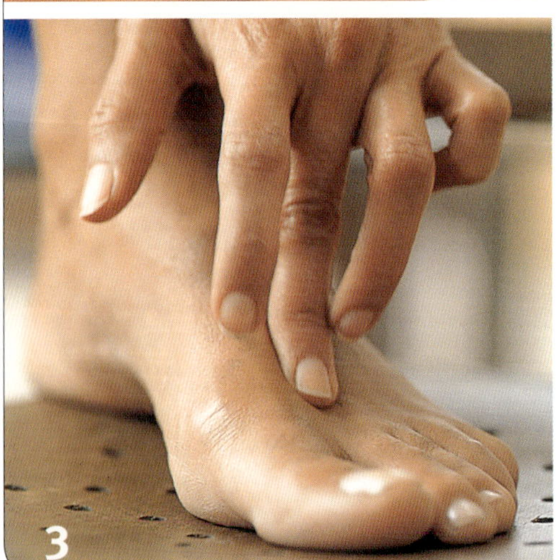

BLUTHOCHDRUCK

Der Blutdruck lässt sich so wirksam mit Meditation regulieren, dass manche Ärzte Kurse verordnen. Verringern Sie Ihren Salzkonsum – viel Salz steckt in Fertiggerichten. Essen Sie mehr frisches Obst und Gemüse, um die Salzmenge zu reduzieren.

Reflexzonenmassage

Behandeln Sie das Zwerchfell, die Halswirbel, die Nebennieren (1), den Magen und die Gallenblase am besten mit einer vollständigen Behandlung.

Akupressur

Drücken Sie rund um das Ohrläppchen, hinter dem Ohr am Übergang zum Kopf und an der Rückseite des Ohres (2). Finden Sie Li 3 zwischen dem großen und zweiten Zeh, etwa zwei Fingerbreit unter dem Zehengrundgelenk, und drücken Sie ihn, um den Blutdruck zu senken (3). Drücken Sie auf keinen Fall zu kräftig, um einen Blutdruckabfall zu vermeiden.

PROBLEME IN DER LEBENSMITTE UND DANACH

Körperliche Bewegung, gute Ernährung und Interesse an der Außenwelt sind der Schlüssel zu einem gesunden Älterwerden. Medikamente können natürlich bei ernsten Gesundheitsproblemen lebensrettend sein, aber mit Heilmethoden wie Reflexbehandlung und Akupressur lassen sich kleinere Beschwerden so lindern, dass Sie möglicherweise auf unnötige Medikamente und ihre unerwünschten Nebenwirkungen und Gegenreaktionen verzichten können. Behandeln Sie ältere Haut und Gelenke ganz sanft.

Reflexzonenmassage

Behandeln Sie die Kopf- und Nackenregion, um die Sehfähigkeit, das Hörvermögen und die geistige Flexibilität zu bewahren. Bei Symptomen wie Verstopfung und Inkontinenz behandeln Sie außerdem die Ausscheidungsorgane und die Harnwege. Wenn Sie aber aus Zeitgründen keine vollständige Fußbehandlung ausführen können, nehmen Sie sich bei jeder Sitzung eine bestimmte Zone vor und behandeln so im Laufe der Wochen auch den ganzen Körper.

Wenn Sie an Tinnitus oder Ohrgeräuschen leiden, drücken Sie den Punkt der eustachischen Röhre in der „Schwimmhaut" zwischen drittem und viertem Finger (1) oder Zeh.

Bei Schwindelgefühlen und zur Verbesserung des Gleichgewichts stimulieren Sie immer den Gleichgewichtspunkt am äußeren Ende des vierten Fingers oder Zehs (2), indem Sie ins Gewebe eindringen und zurückziehen.

Akupressur

Gehen Sie längere Strecken, um die Knochen zu stärken und Ni 1 energetisch zu stimulieren. Zur Verbesserung des Gedächtnisses können Sie verschiedene Akupressurpunkte drücken oder massieren: Lg 26, Gb 20, den Herzpunkt Kg 17 und das „dritte Auge".

Eine Massage des wichtigen Yang-Punktes an den Schläfen, in der Kuhle direkt neben dem äußeren Augenwinkel, schärft die Konzentration und lindert Kopfschmerzen. Machen Sie jeden Tag die Meridianmassage, um alle Systeme zu stärken und zu harmonisieren.

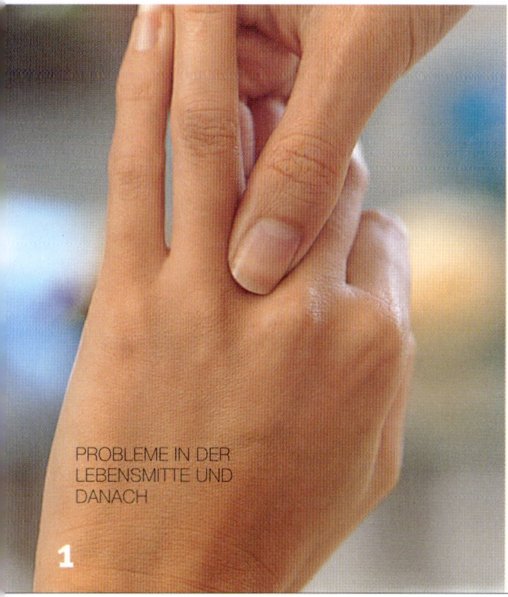

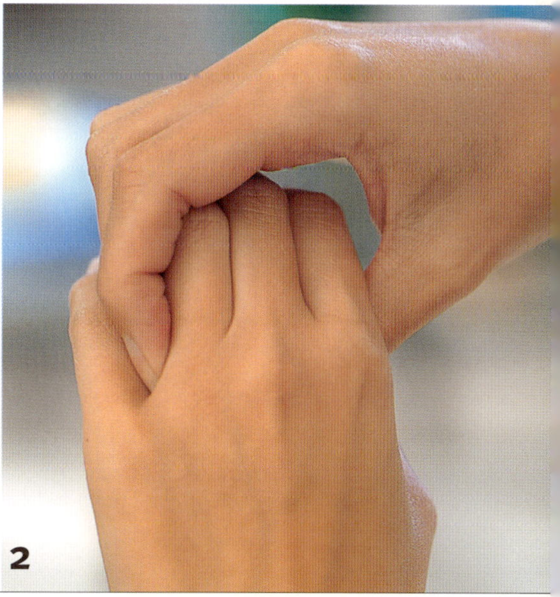

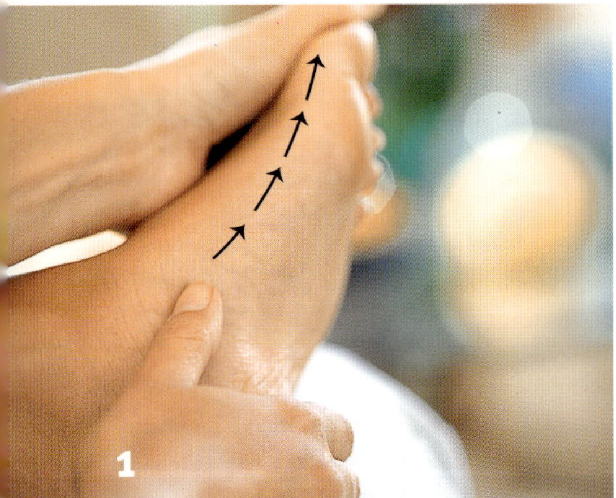

1

2 MIT ENERGIE AUFLADEN

Das innere Ich

Reflexmassage und Akupressur wirken auf Körper und Geist. Dieser wird in unserem geschäftigen Alltag oft übersehen, obwohl Stress ein enormes Gesundheitsrisiko ist. Nehmen Sie sich also ruhig einen Moment Zeit für eine entspannende oder belebende Behandlung, mit der Sie Ihre Energien im Fluss halten.

ENERGETISIEREN

Auch wenn Sie noch nicht völlig ausgebrannt sind, können Sie an der Verbesserung Ihres Energiehaushaltes arbeiten. Schließlich warten wir mit dem Essen auch nicht, bis wir fast ohnmächtig werden. Mit Energiearbeit wie Reflexzonenmassage und Akupressur können Sie Ihren ganzen Organismus ins Gleichgewicht bringen und Ihre Gesundheit erhalten, weshalb also warten?

Reflexzonenmassage

Lassen Sie sich mit den entspannenden und vorbereitenden Techniken viel Zeit. Behandeln Sie dann das Gehirn, das zentrale Nervensystem, die Wirbelsäule (1), das Hormonsystem, die Nieren und Bauchspeicheldrüse, das Zwerchfell und den Solarplexus.

Akupressur

Um das Immunsystem und die Vitalität zu stärken,

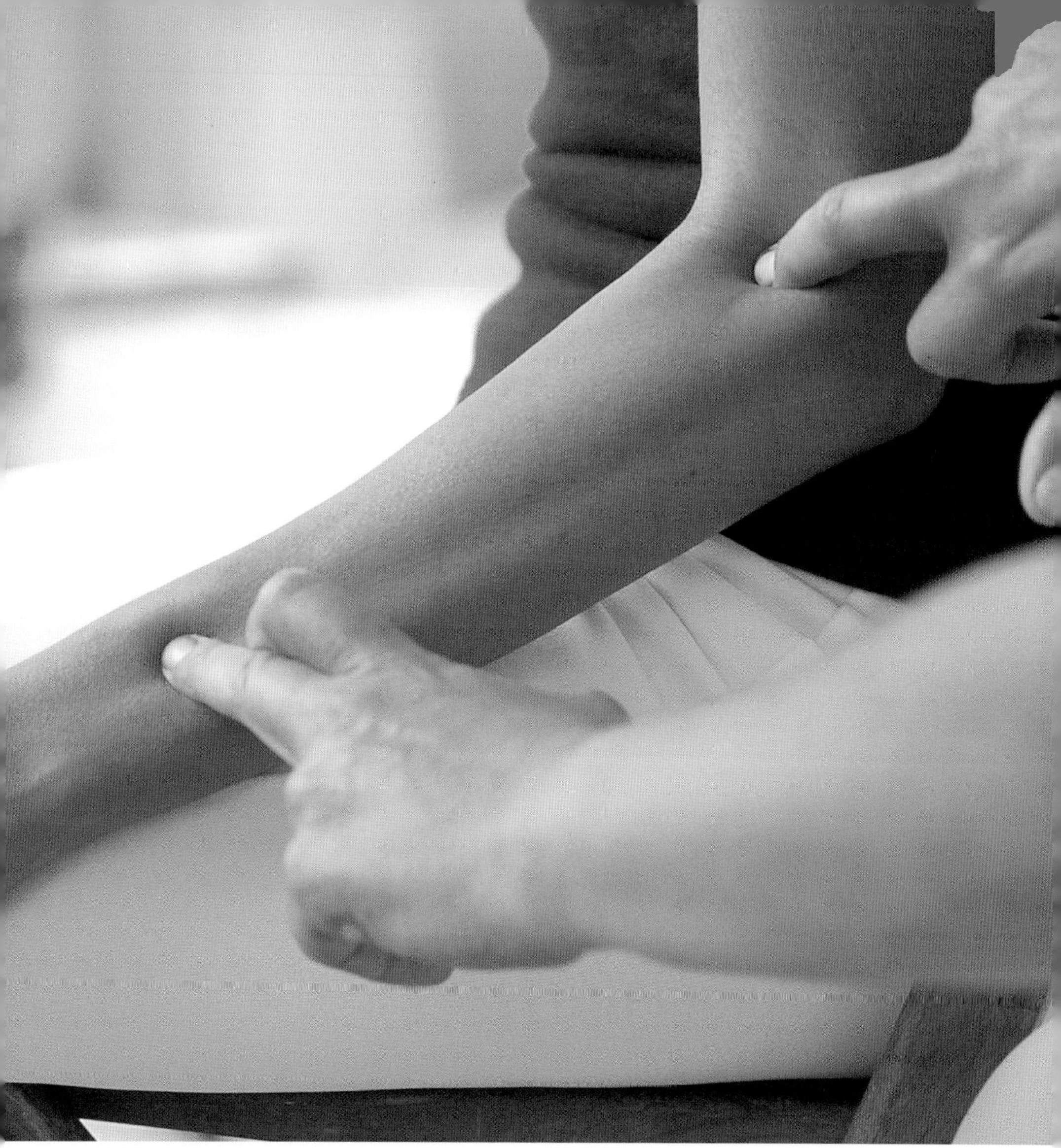

behandeln Sie vorsichtig Mi 21, der empfindlich sein kann. Machen Sie das drei bis vier Mal pro Tag. Behandeln Sie auch DE 5 und Le 11, den wichtigen Energiepunkt (2).

Sind Sie müde, reiben Sie Ihre Handflächen aneinander, um Pk 8 zu stimulieren, und legen Sie sie dann auf Ni 1 an der Fußsohle.

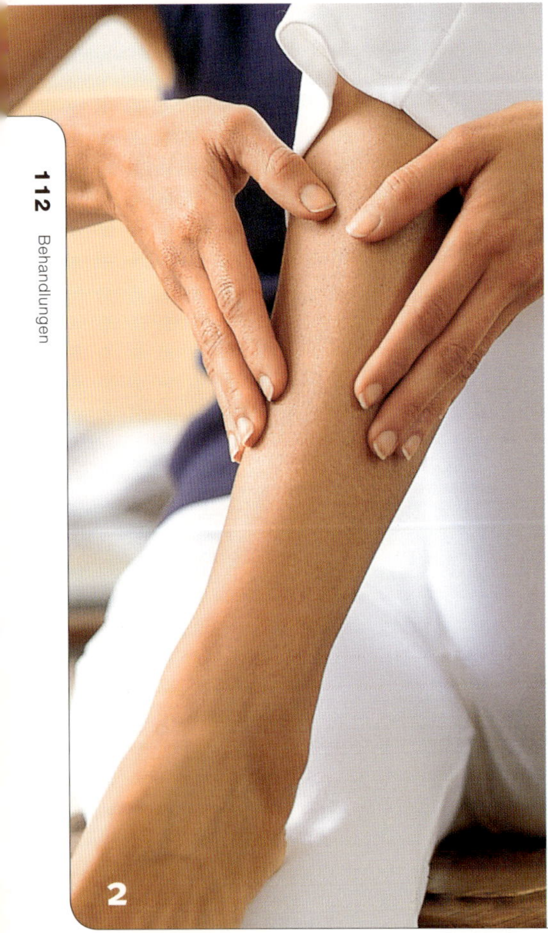

DEPRESSION

Lassen Sie Depressionen nicht zur Gewohnheit werden: Wenn Sie Ihre gedrückte Stimmung nicht loswerden, sollten Sie die zugrunde liegenden Problem finden und lösen. Das kann länger dauern, deshalb sollten Sie sich unbedingt mit Freunden treffen, angenehme Dinge tun und mindestens drei Mal wöchentlich energetisierende Übungen machen. Vielleicht können Sie sich beraten lassen? Johanniskraut hat sich zur Linderung von leichten und mittelschweren Depressionen bewährt. Ihr Hausarzt kann Ihnen für kurze Zeit Antidepressiva verschreiben (sie machen nicht süchtig), die Ihnen vielleicht helfen, wieder auf die Beine zu kommen. Suchen Sie ruhig Ihren Hausarzt auf, wenn Sie die Hoffnung verlieren.

Reflexzonenmassage

Beginnen Sie mit dem Gehirn, dem zentralen Nervensystem und behandeln Sie dann die Nieren (den Ort der unvergossenen Tränen) und die Nebennieren (1) gegen Erschöpfung, den Nacken, um Spannungen zu lösen, und den Solarplexus, um neue Energie zu mobilisieren. Bearbeiten Sie auch den Magenpförtner und die Bauhin-Klappe für das Verdauungssystem, das bei Depressionen oft träge wird.

Akupressur

Auch Anspannung und eine schlechte Haltung können Depressionen verursachen. „Erden" Sie sich mit Hilfe des Milzmeridians. Die chinesische Medizin bringt Depressionen mit einer überaktiven Gedankenarbeit in Verbindung, also versuchen Sie öfter eine Pause zu machen. Reiben Sie die Außen- und Innenseiten der Unterschenkel auf und ab, um Mi 4–10 und Ma 40 (2) zu stimulieren.

Lunge 7 und 10 sind gute Punkte, um blockierte und stagnierende Energien und Emotionen zu lösen und in Fluss zu bringen. Lungenpunkte reagieren auf Kummer und Schmerz.

ANGST UND STRESS

Die im Kapitel über Schmerzlinderung beschriebenen Atemtechniken (Seite 86) sind auch bei Angstzuständen wirkungsvoll. Wenn Sie öfter darunter leiden, sollten Sie Aktivitäten finden, die Ihnen gegen Stress helfen. Walking, Meditation, Ausdauersport, gezielte Entspannungsübungen, offene Gespräche mit Freunden oder praktische Problemlösungsversuche können dazu beitragen, die Ursachen zu beseitigen.

Reflexzonenmassage

Nach der Brust und Bauchregion behandeln Sie den Solarplexus und das Zwerchfell, um zu entspannen. Stressmindernd wirkt die Behandlung der Nebennieren. Gegen Stress hilft folgende Technik: Drücken Sie die Fingerspitzen, bis Sie einen Puls fühlen. Halten Sie den Daumen, um Besorgnis zu lindern (1), den Zeigefinger gegen Angst, den Mittelfinger gegen Wut, den Ringfinger gegen Traurigkeit und den kleinen Finger, wenn Sie sich überanstrengt haben.

Akupressur

Behandeln Sie Le 3, Di 4 und He 7. Achten Sie immer auf Ihre Haltung, wenn Sie gestresst sind: Muskelspannung kann Sie niederdrücken und zu Schmerzen und Organbeschwerden führen. Richten Sie sich auf und dehnen Sie Ihre Wirbelsäule. Machen Sie Atemübungen, während Sie Kg 6, das „Meer der Energie“ (2, rechte Hand), etwa zwei Fingerbreit unter dem Nabel drücken, um die Energie nach unten zu leiten, oder massieren Sie sanft den Herzpunkt Kg 17 (2, linke Hand) . Kreisen Sie behutsam mit der flachen Hand in beide Richtungen um den Nabel, um Sorgen zu vertreiben, oder massieren Sie die Innenseite der Schulterblätter (3).

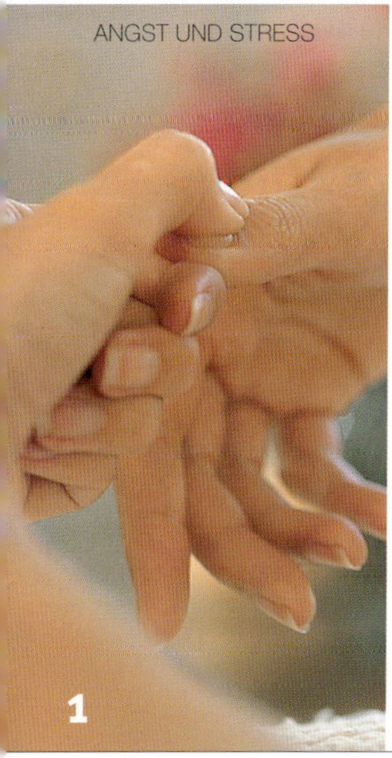

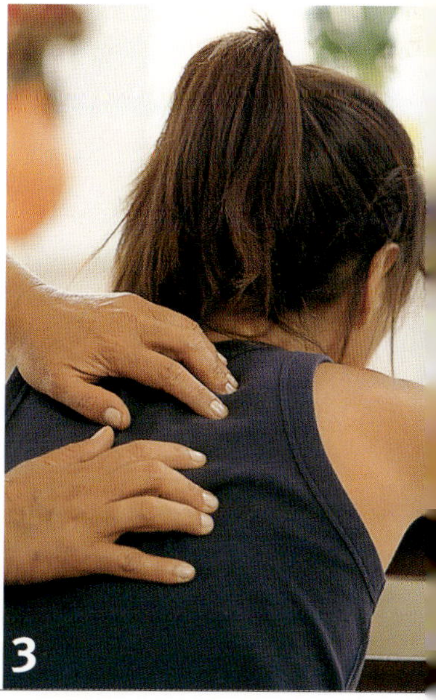

Frauenleiden

Viele typische Frauenleiden reagieren nicht auf schulmedizinische Behandlungen. Reflexzonenbehandlung und Akupressur wirken dagegen bei Menstruations- oder Geburtsschmerz und Beschwerden in der Menopause sehr gut.

BRUSTSCHMERZEN UND BRUSTKNOTEN

Etwa 20 Prozent aller Frauen leiden immer vor ihrer Regelblutung unter schmerzenden oder knotigen Brüsten. (Falls Knoten nicht wieder verschwinden, sollten Sie dringend Ihren Arzt aufsuchen.) Oft bessert Koffeinabstinenz die Beschwerden. Auch Nachtkerzenöl und Vitamin B6 finden viele Frauen hilfreich – Dosierung und Einnahmedauer sollten Sie mit Ihrem Arzt besprechen.

***Warnung:** Nehmen Sie auf keinen Fall Nachtkerzenöl, wenn Sie an Epilepsie leiden.*

Reflexzonenmassage

Behandeln Sie die Reflexzonen des ganzen Lymphsystems, besonders die der Lymphdrüsen in den Achselhöhlen (1). Vor allem die linke Seite, denn diese Drüse leistet am meisten Arbeit. Massieren Sie die Brustregion auf der Fußoberseite (2) sanft auf und ab und decken Sie dabei einige Zentimeter der Zehen ab.

Alternativ dazu können Sie die Brustregion an der Hand behandeln, die zwischen Daumen und Zeigefinger liegt (3).

Akupressur

Bei Beschwerden wie Mastitis, geschwollenen Brüsten oder Wasseransammlungen im Gewebe massieren Sie den Dreifachen Erwärmer nach unten (öffnend), indem Sie ihn vom Kopf zum Ringfinger hin ausklopfen. Er harmonisiert den Flüssigkeitsaustausch zwischen Nieren und Herz (oder, schulmedizinisch ausgedrückt, stimuliert das Lymphsystem).

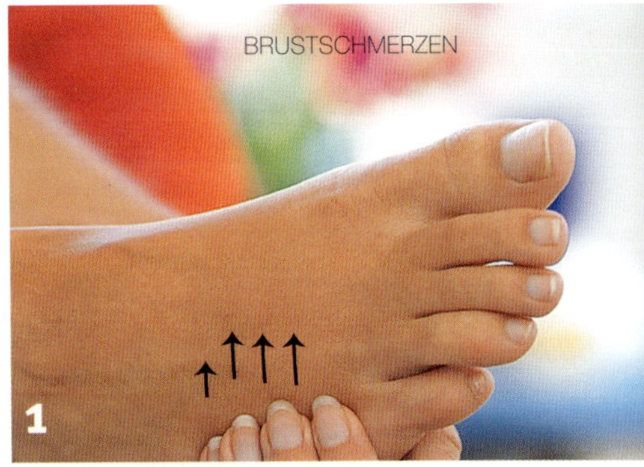

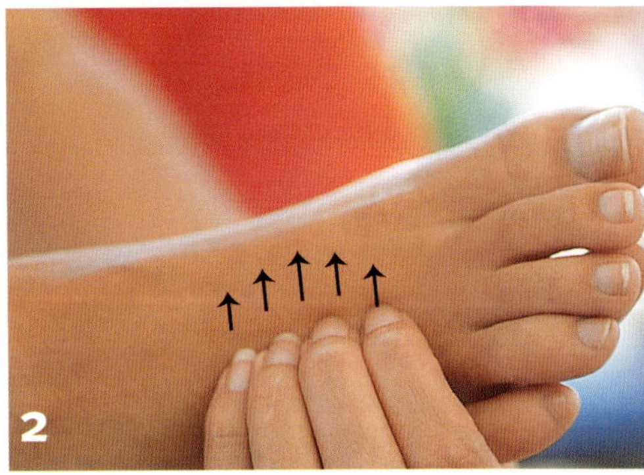

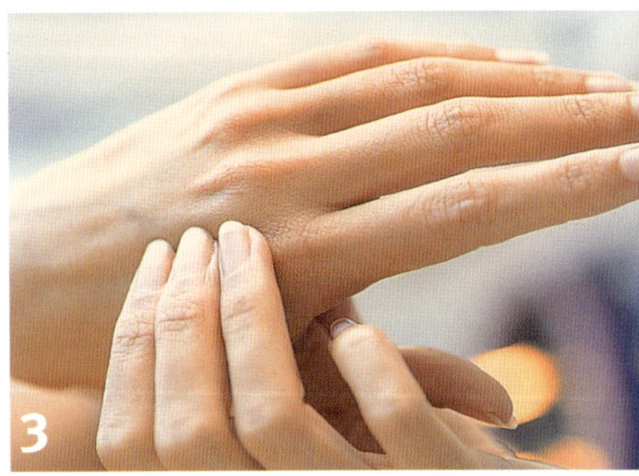

PRÄMENSTRUELLES SYNDROM (PMS)

Heute weiß man, dass Hormonprobleme häufiger als früher vermutet von Nahrungsmitteln verursacht werden. Um Stimmungsschwankungen und hohe Anspannung abzumildern, essen Sie mehr Nahrungsmittel, die Vitamin B6 enthalten, wie Fisch, Leber, Speck, Hefeextrakt, Tomatenpüree, Bananen. Auch magnesiumreiche Lebensmittel wie Müsli, Hafer, Trockenfrüchte und Magermilch sind sehr vorteilhaft. Vollkornbrot, Sojaflocken, Mungbohnen und Nüsse enthalten beides. Essen Sie vor der Menstruation lieber wenig, aber öfter, reduzieren Sie fettreiche Nahrungsmittel, um den Hormonhaushalt zu stabilisieren.

Reflexzonenmassage

Beginnen Sie mit der Behandlung des Lymphsystems (1) und der Fortpflanzungsorgane, einschließlich der Eileiter (2). Gehen Sie dann zum endokrinen System über, um die Hormonaktiviät zu normalisieren. Dringen Sie am Hypophysenpunkt an der Kuppe der großen Zehe oder in der Mitte des Daumens ins Gewebe ein (3). Behandeln Sie auch das Ausscheidungssystem, besonders die Nieren, um Wasseransammlungen im Gewebe zu entfernen, und den Dickdarm, falls Sie zu Verstopfung neigen. Wenn Sie immer vor der Regel unter Kopfschmerzen leiden, sollten Sie ausführlich Kopf- und Hirnregion behandeln. Zur Entspannung auch den Solarplexus anregen.

Bei PMS ist Selbsthilfe unverzichtbar. Eine Behandlung der Hände ist beruhigend und jederzeit möglich. Die Gebärmutter liegt unterhalb des Daumens direkt über dem Knochenvorsprung, die Eierstöcke unterhalb des kleinen Fingers und die Eileiter quer über dem Handgelenk.

Akupressur

Massieren Sie den Milzmeridian und Ma 29.

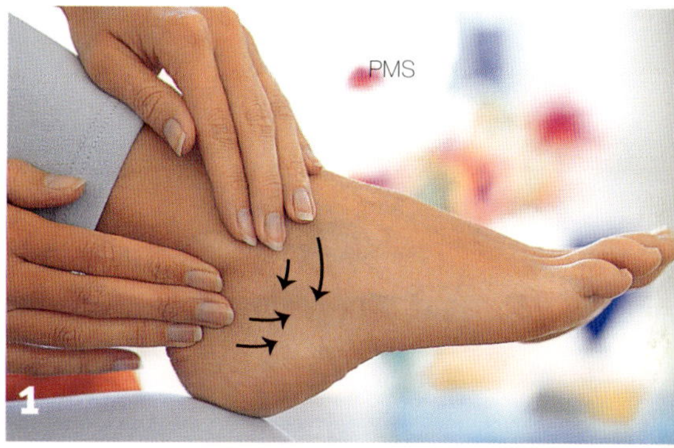

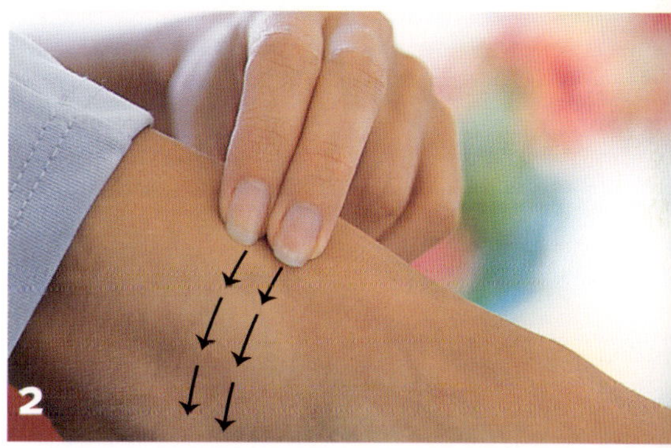

STARKE ODER SCHMERZHAFTE MENSTRUATION

Bei starken Blutungen sollten Sie auf jeden Fall genug Eisen aufnehmen. Nehmen Sie Eisenpräparate nur nach Absprache mit dem Hausarzt. Trinken Sie zum Essen Orangensaft, um so die Eisenaufnahme zu verbessern. Warten Sie nach dem Essen einige Stunden, bevor Sie Milch trinken, denn Kalzium und Eisen konkurrieren bei der Aufnahme. Innereien wie Leber und Niere, getrocknete Aprikosen, Kokosnüsse, Sardinen und Müsli enthalten ebenfalls viel Eisen.

Reflexzonenmassage

Am besten hilft bei Regelschmerzen eine vollständige Reflexzonenbehandlung, denn unsere Fortpflanzungsorgane sind in der körpereigenen Prioritätenliste eher unwichtig und profitieren von einer Tonisierung aller Systeme. Danach oder alternativ dazu behandeln Sie das Hormon- und Fortpflanzungssystem, die Gebärmutter (1), die Eierstöcke, die Hypophyse und die Wirbelsäule, einschließlich der Region des Kreuzes (2). Behandeln Sie immer auch Nieren und Harnwege, um alle Unterleibsorgane zu entspannen.

Akupressur

Behandeln Sie Punkte am unteren Rücken, Bl 23 bis 29 (3). Legen Sie die Hände in die Taille und drücken Sie mit den Daumen die beiden Muskelstränge links und rechts der Wirbelsäule. Wandern Sie mit den Daumen bis zu den Hüften. Sie können die Wirkung verstärken, indem Sie dabei mit dem Becken kreisen. Legen Sie die Handrücken ins Kreuz, um den Blasenmeridian mit Le 4 zu verbinden und die Energie in der Region zu beruhigen. Eine Wärmflasche auf dem Kreuzbein lindert oft den Schmerz. Bei starken Blutungen können sie die Brüste massieren, um Energie in den Oberkörper zu bringen und die Ausschüttung des Hormons Prolaktin zu fördern. Legen Sie sich auf Tennisbälle, um den Rücken zu massieren (siehe Seite 77) – das ist bei Rückenschmerzen eine Wohltat. Reiben Sie Mi 12 und 13 in der Leistenbeuge, das kann Menstruationsschmerzen lindern. Kg 6 unter dem Nabel normalisiert die Blutung und löst Krämpfe.

BLASENENTZÜNDUNG UND SOOR

Dickflüssiger Ausfluss durch Soor und Schmerzen beim Wasserlassen aufgrund einer Blasenentzündung sind häufige Begleiterscheinungen von Reizungen im Genitalbereich. Wenn Sie darunter leiden, sollten Sie den Genitalbereich stets nur mit lauwarmem Wasser waschen und auf jeden Fall auf Seife, Schaumbad, Scheidenspülungen und Genitaldeo verzichten, denn darunter kann die gesündeste Scheidenflora leiden. Vermeiden Sie die warme Feuchtigkeit in Sauna oder Hamam, aber auch Synthetikunterwäsche, Nylonstrümpfe und enge Hosen.

Bei Blasenentzündung müssen Sie wirklich viel trinken – ungesüßter Preiselbeersaft oder Tee aus Kirschstängeln (wenn Sie diese bekommen) sind ideal. Ansonsten trinken Sie Wasser, um den Urin zu verdünnen. Dauert die Blasenentzündung länger als drei Tage, sollten Sie unbedingt Ihren Hausarzt aufsuchen, denn ohne Behandlung kann eine Nierenentzündung folgen.

Reflexzonenmassage

Behandeln Sie die Reflexzonen der gesamten Harnwege, dann die Nieren, die Blase, die Harnleiter (1), die Vagina und die Harnröhre. Denken Sie an die Nebennieren, den Bauch und den Rücken, aber auch die unteren Lymphgefäße, um die Infektion zu bekämpfen,

Akupressur

Behandeln Sie Ma 29. Ein guter Punkt für alle Frauenleiden ist Mi 6.

Warnung: *Mi 6 nicht in der Schwangerschaft behandeln.*

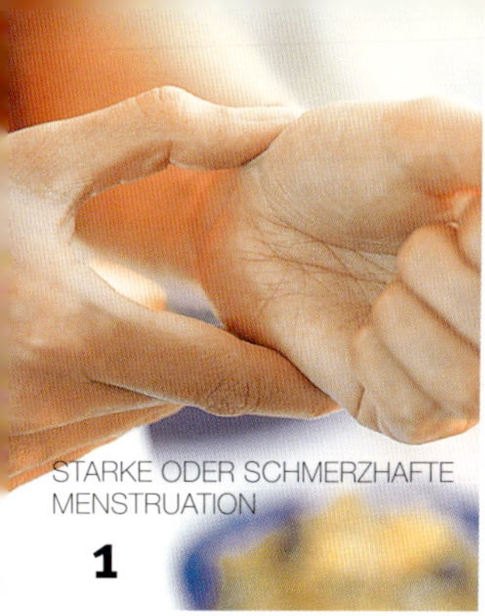
STARKE ODER SCHMERZHAFTE
MENSTRUATION
1

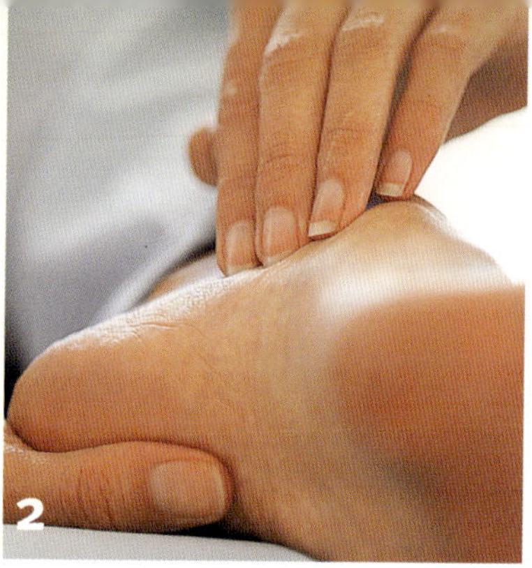
2

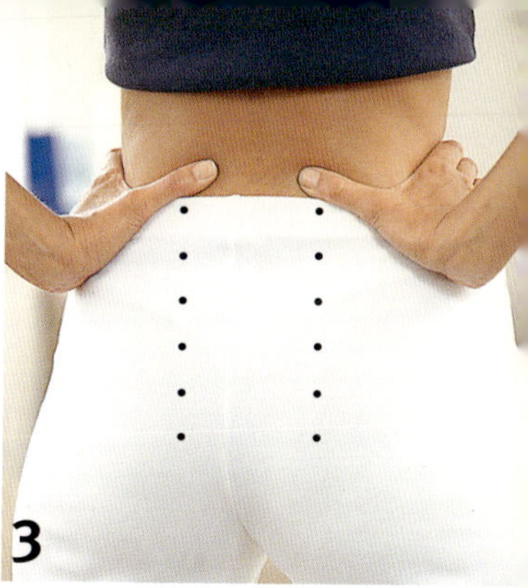
3

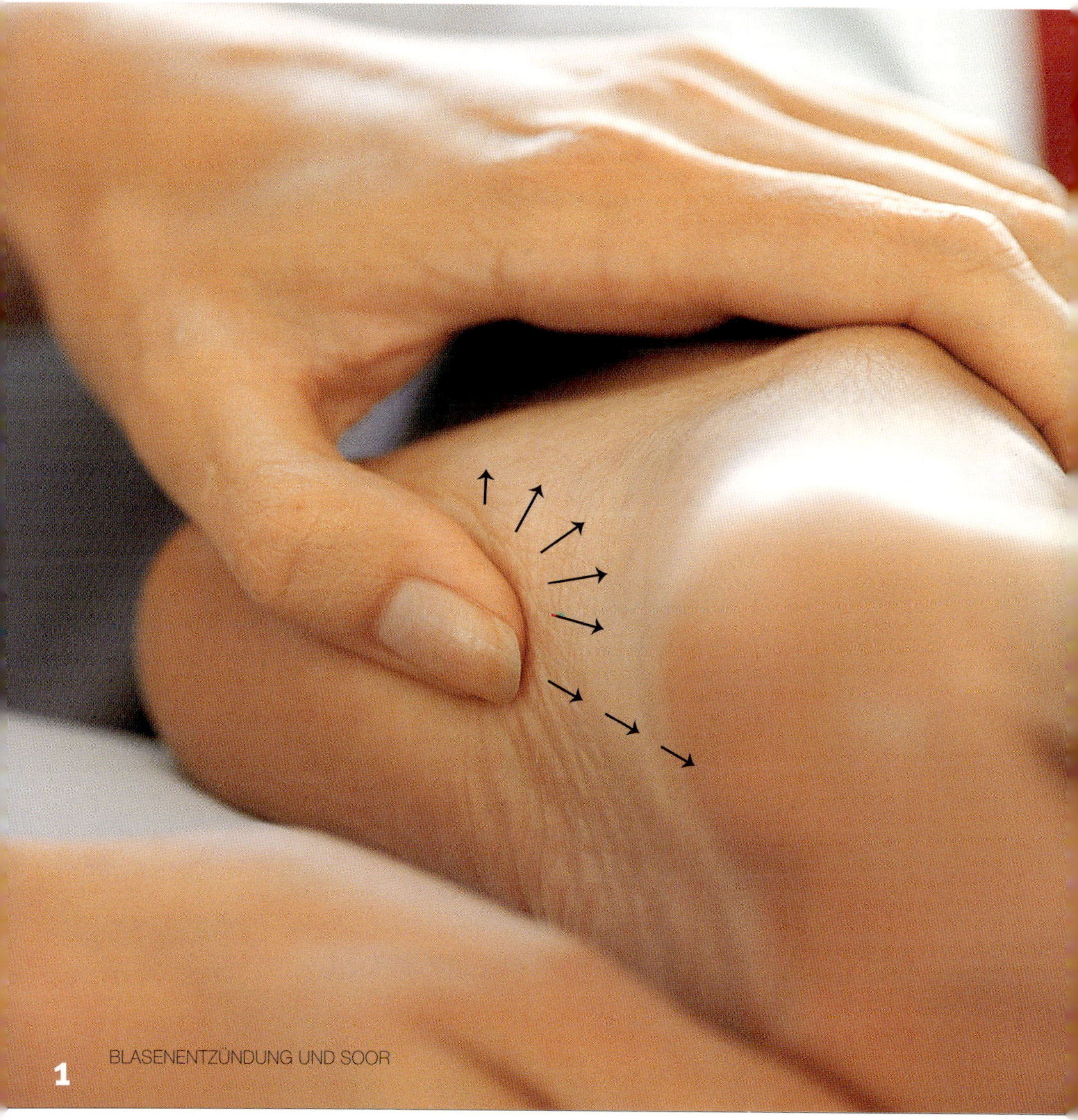
BLASENENTZÜNDUNG UND SOOR
1

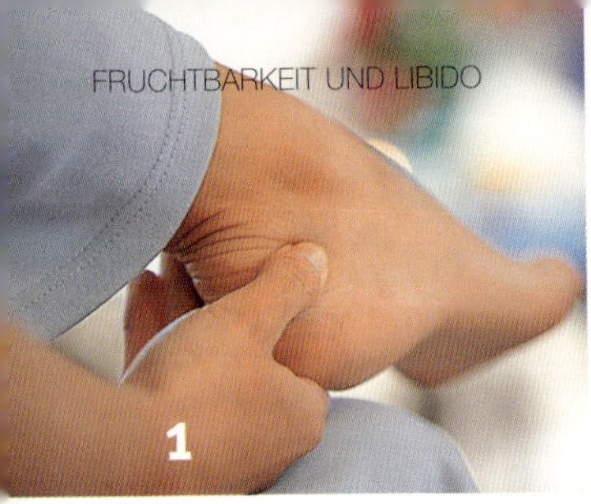

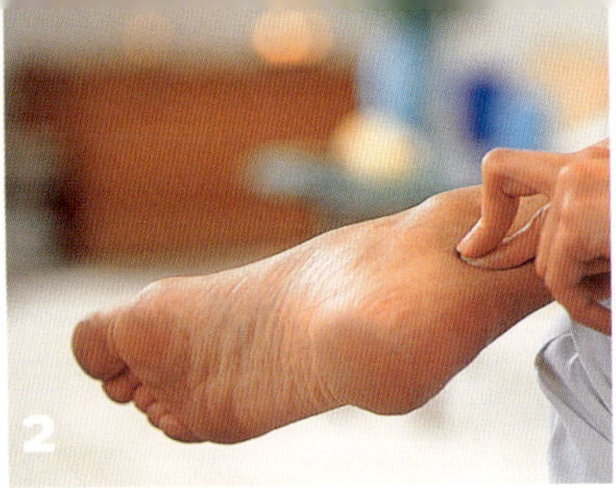

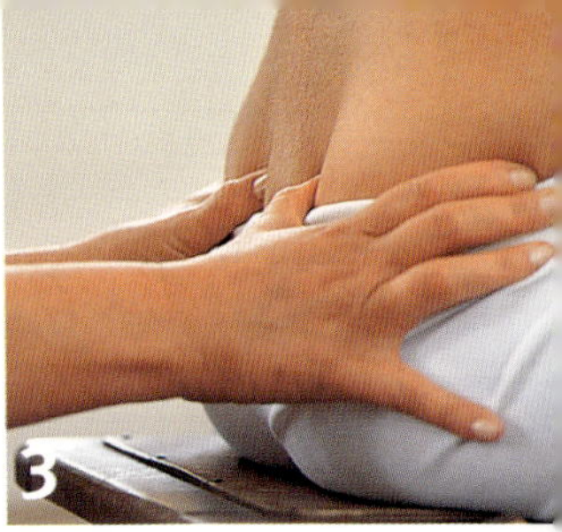

FRUCHTBARKEIT UND LIBIDO

Unsere sexuellen Bedürfnisse kommen und gehen in ganz natürlicher Weise, und manchmal ist das Interesse an Sex eher gering. Stress, Erschöpfung, Depressionen und Konflikte sind häufige Gründe für fehlende Libido.

Reflexzonenbehandlung

Behandeln Sie die Zonen der Fortpflanzungsorgane und des endokrinen Systems, dann die Geschlechtsorgane: die Eierstöcke (1), die Gebärmutter und die Eileiter.

Akupressur

Behandeln Sie Ki 3 (2), den Rücken und die Zone der Nebennieren Bl 23, Bl 27 bis 29 und 31 bis 33 (3). Massieren Sie Kg 6, unter dem Nabel, um die Fruchtbarkeit zu stimulieren. Massieren Sie den Rücken mit Tennisbällen.

SCHWANGERSCHAFT

Die folgenden einfachen Techniken sind ideal für Männer, die ihrer Partnerin bei der Schwangerschaft und Geburt helfen wollen.

***Warnung:** In den ersten 16 Wochen der Schwangerschaft ist Reflexzonenmassage verboten, da eine Veränderung im Energiefluss eine Fehlgeburt verursachen könnte. Das gilt besonders in der ersten Schwangerschaft oder nach einer Fehlgeburt.*

Reflexzonenmassage

Wenn Sie sicher kein erhöhtes Fehlgeburtsrisiko haben, können Sie sich auch im Anfangsstadium vorsichtig selbst behandeln. Morgendliche Übelkeit wird wie normale Übelkeit und ruhig an der Hand behandelt: Beginnen Sie dabei mit dem Verdauungssystem und der Speiseröhre gegen Brechreiz (1), gehen Sie dann zu den Punkten von Solarplexus und Hypophyse und kreisen Sie hier mit dem Daumen. Wandern Sie mit dem Daumen über die Zonen von Zwerchfell und mittlerer und oberer Wirbelsäule und in einigen Linien über die Magenzone. Die Schwangerschaftsübelkeit entsteht durch die Hormonveränderung, sodass die Behandlung des endokrinen Systems sinnvoll ist, um den Hormonhaushalt zu harmonisieren.

In der fortgeschrittenen Schwangerschaft ist Reflexzonenmassage ein Segen für schmerzende Beine, Füße und den Rücken (2): Behandeln Sie die Fortpflanzungsorgane und das Muskel- und Skelettsystem. Eine sanfte Fußmassage ist sehr beruhigend und besonders in den letzten Wochen der Schwangerschaft angenehm (3).

Akupressur

Pk 6 wirkt zuverlässig gegen Morgenübelkeit. Reiben Sie unterhalb des Nabels das Konzeptionsgefäß, um die Schwangerschaft zu stabilisieren, vor allem, wenn die Empfängnis schwierig war.

***Warnung:** Gebärmutter und Hypophyse vor dem Ende der Schwangerschaft nicht übermäßig stimulieren. Mi 6 in der Schwangerschaft nicht behandeln.*

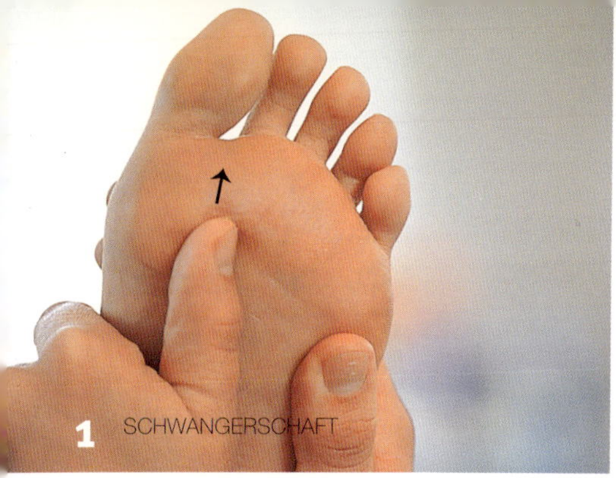
1
SCHWANGERSCHAFT

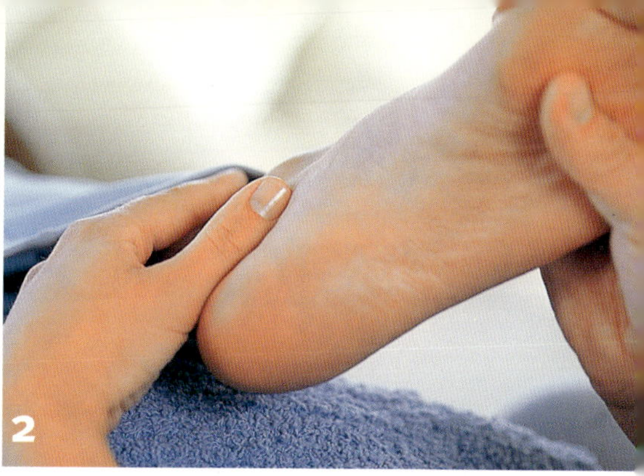
2

3

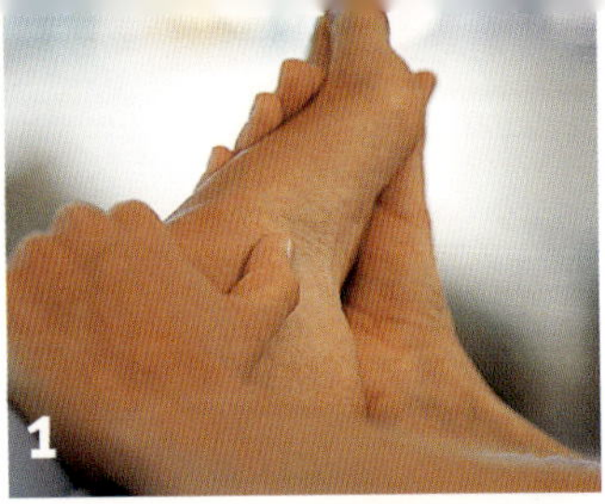

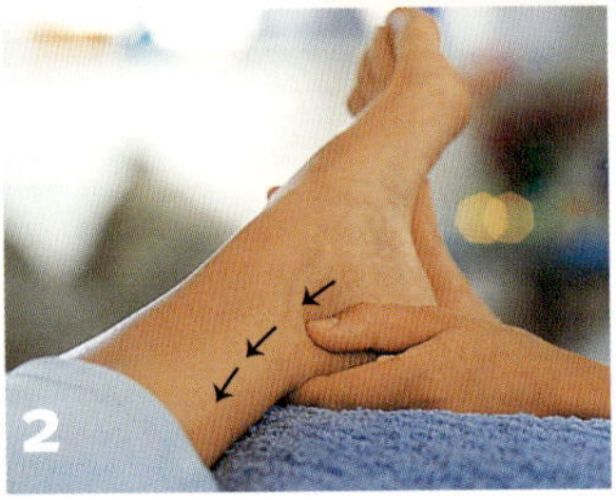

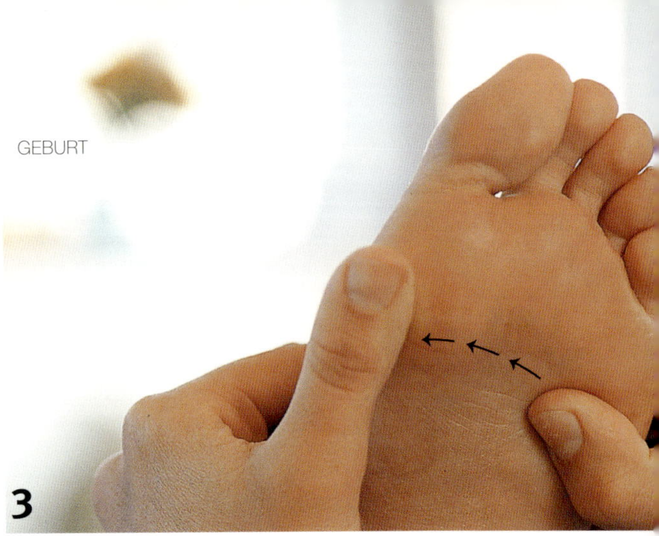

GEBURT

Rechnen Sie immer damit, dass Ihr Baby früher zur Welt kommen kann, und versuchen Sie, rechtzeitig alle organisatorischen Dinge zu klären. Suchen Sie sich einen Ort zur Entbindung, wo das Personal Ihre Wünsche respektiert und keine routinemäßigen Eingriffe vorgenommen werden.

Reflexzonenmassage

Studien haben gezeigt, dass Frauen, die in der Schwangerschaft Reflexbehandlungen erhielten, eine kürzere und weniger schmerzhafte Entbindung haben. Während der Wehen können die Reflexzonen des mittleren und unteren Rückens (1) behandelt werden. Massieren Sie die Füße mit vielen langen, sanften Ausstreichungen, um die Entspannung zu erleichtern.

Besonders zur Vorbereitung der Geburt ist Reflexmassage sinnvoll: Behandeln Sie die Zonen der Fortpflanzungsorgane, der Brüste und Nebennieren. Ist der Geburtstermin einmal überschritten, können Sie die Gebärmutter und die Hypophyse behandeln, um die Wehen in Gang zu bringen.

Nach der Geburt ist die Behandlung des endokrinen Systems zur Förderung der Milchbildung, der Fortpflanzungsorgane und der Nebennieren sinnvoll. Widmen Sie einige Aufmerksamkeit der Normalisierung Ihres Hormonspiegels und der Regenerierung der Muskulatur. Das ist auch nach einem Kaiserschnitt sinnvoll. Führen Sie bitte so oft wie möglich vollständige Reflexbehandlungen durch. Abgesehen von der Heilwirkung beugt jede Art liebevoller Zuwendung eventuellen postnatalen Depressionen vor und hilft der frischgebackenen Mutter, Kontakt mit ihrem Baby aufzunehmen.

Postnatale Depressionen lassen sich gut mit einer Reflexmassage lindern: endokrines System und Fortpflanzungsorgane, Nebennieren und zur Entspannung das Zwerchfell und den Solarplexus.

Akupressur

Um eine Frühgeburt zu verhindern, können Sie Ni 3 behandeln, während Sie den Beckenboden kräftigen. Während der Geburt hilft die Reflexmassage von Bl 27 an den Seiten des Kreuzbeins und zwischen den Wehen die Behandlung von Mi 6 und Mi 9 (4) an den Innenseiten des Knies. Mi 6 kann die Wehen verstärken. Mit Elektrostimulation (TENS) kann der Geburtsschmerz gelindert werden. Um die Milchbildung zu fördern, sollten Sie Ma 29, den ganzen Dreifachen Erwärmer und den Herzpunkt Kg 17 behandeln.

MENOPAUSE

Die Menopause kann eine Zeit der befreienden und erfrischenden Veränderung sein. Manche Frauen finden sogar, dass Hitzewallungen einen klaren Kopf schaffen. Essen Sie Sojaprodukte, denn das kann die Hormonschwankungen verringern und unerwünschte Symptome lindern.

Reflexzonenmassage

Auch in der Menopause wirken vollständige Behandlungen Wunder, sowohl für alle Körpersysteme als auch zur Entspannung. Widmen Sie sich den Fortpflanzungsorganen, dem endokrinen System einschließlich der Schilddrüse (1), um sich oder Ihrer Freundin den Übergang zu erleichtern. Behandeln Sie dafür die Gebärmutter (2), die Eierstöcke, Leber und die Ausscheidungsorgane gegen Verstopfung.

Akupressur

Bei Hitzewallungen können Sie Mi 6, Le 3 und Pk 6 behandeln. Wenn das nicht hilft, sollten Sie Akupunktur ausprobieren.

Bewegen Sie sich: Tanzen ist ein gutes Training und stärkt die Knochen, es verringert also das Osteoporoserisiko. Mit einem Fußroller aus Holz massieren Sie Ihre Füße. Behandeln Sie Mi 6, vier Fingerbreit über der Knöchelregion an der Innenseite des Unterschenkels. Behandeln Sie Ni 1 (3) und kreisen dabei mit dem Fuß. Gehen stimuliert Ni 1 und ist ein gutes Training – machen Sie also täglich einen Spaziergang. Wenn Sie mit dem Fuß kreisen und dabei Ni 1 mit der flachen Hand halten, können Sie Ihren Körper stärken.

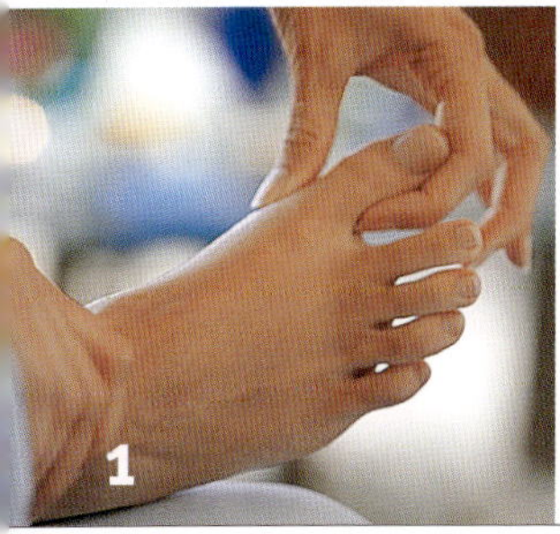
1

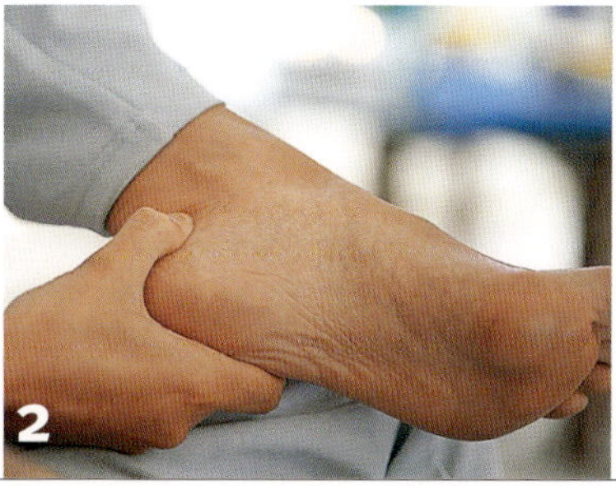
2

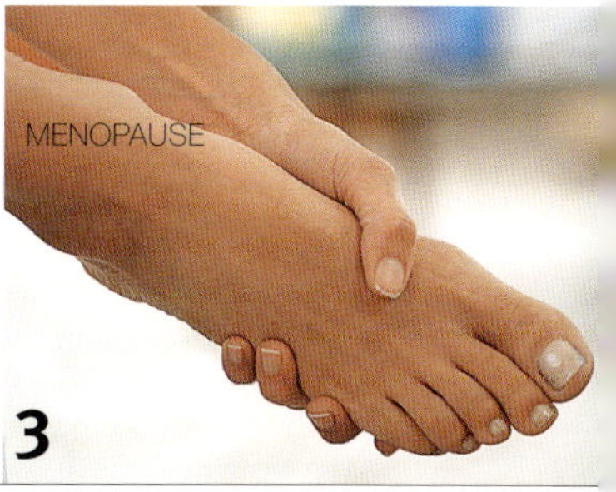

3

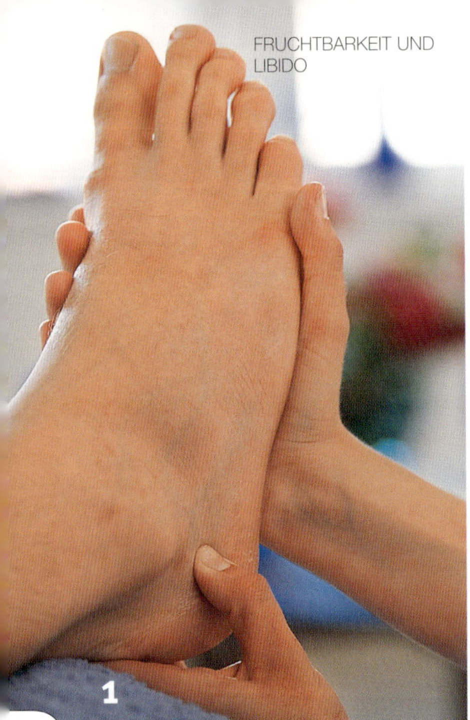

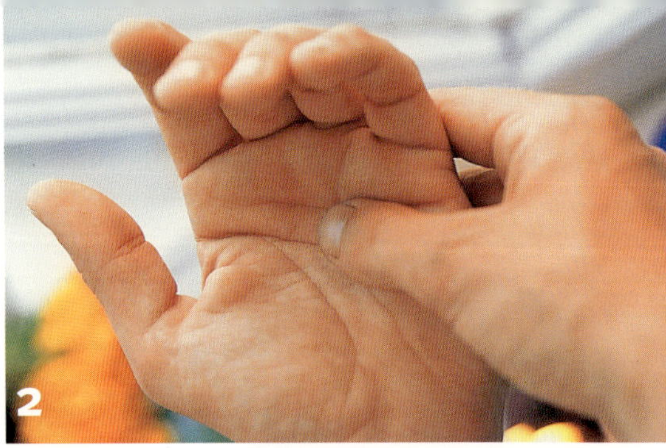

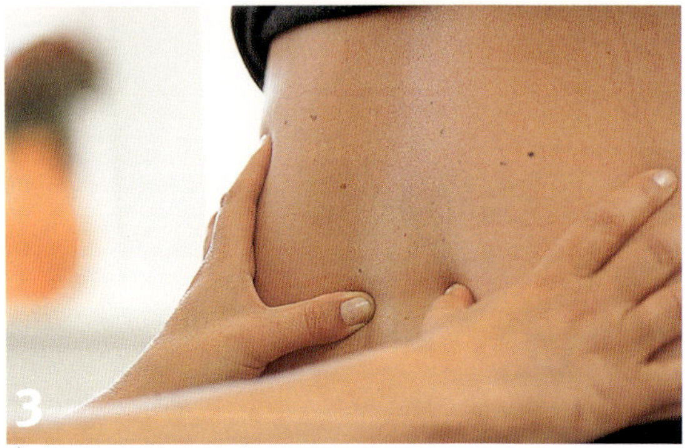

Männerleiden

In den letzten Jahrzehnten hat die Fruchtbarkeit bei Männern und Frauen alarmierend abgenommen. Stress, Überarbeitung, Rauchen und chemische Substanzen sind dafür mitverantwortlich, aber auch der Raubbau an unserer Gesundheit.

FRUCHTBARKEIT UND LIBIDO

Spannung und Angst spielen bei derartigen Problemen eine große Rolle, nehmen Sie sich also genug Zeit für Entspannung und Fröhlichkeit. Treiben Sie Sport und ernähren Sie sich gesund mit frischem Obst und Gemüse. Damit können Sie nebenbei auch Ihr Gewicht normalisieren. Spermien gedeihen in einer kühlen Umgebung, also vermeiden Sie enge Hosen und heiße Bäder.

Reflexzonenmassage

Behandeln Sie zunächst die Zonen der Fortpflanzungsorgane und die des endokrinen Systems, dann die der Geschlechtsorgane: Hoden (1), Prostata und Samenleiter, aber auch das Zwerchfell (2) und den Solarplexus, um ungünstige Anspannungen zu lösen.

Akupressur

Behandeln Sie Ni 3, den Rücken und die Nebennierenregion Bl 23 (3), Bl 27 bis 29 und 31 bis 33. Verwenden Sie Tennisbälle, um das Kreuzbein zu massieren (siehe Seite 77). Dabei stimulieren Sie Punkte wie Bl 23, die die sexuelle Energie stärken.

Stimulieren Sie Le 8 innen am Knie. Mi 6 steigert die Libido. Drücken und halten Sie Kg 6, das „Meer der Energie", unterhalb des Nabels gegen Impotenz und Fruchtbarkeitsstörungen.

DIE PROSTATA SCHÜTZEN

Prostataprobleme sind bei älteren Männern häufig, die meisten sind lästig, aber ungefährlich. Reduzieren Sie fettreiche Lebensmittel und trinken Sie viel Wasser, was auch Verstopfung und dadurch eine Verschlimmerung des Prostataleidens verhindert.

Reflexzonenmassage

Behandeln Sie zunächst das endokrine System, die Harnwege und die Geschlechtsorgane (1), dann die untere Wirbelsäule.

Akupressur

Massieren Sie unterhalb der Taille neben der Wirbelsäule, um Männerleiden zu lindern.

MÄNNLICHE MENOPAUSE

Probleme in diesem Lebensabschnitt haben oft psychische Gründe, besonders dann, wenn die betroffenen Männer sich „überflüssig" fühlen. Aber wie bei Frauen auch spielen hier vermutlich Hormonumstellungen eine große Rolle.

Reflexzonenmassage

Behandeln Sie das endokrine System und die Fortpflanzungsorgane einschließlich der Samenleiter (1), um den Hormonspiegel zu harmonisieren, und den unteren Rücken. Auch Zwerchfell und Solarplexus können stimuliert werden, um Stress zu lindern, außerdem die Ausscheidungsorgane, die Harnorgane und die Blase (2) sowie die Leber.

Akupressur

Mi 6 ist ein wichtiger Energiepunkt, wenn Männer an Libido- oder Vitalitätsverlust leiden. Behandeln Sie Le 8, indem Sie die Innenseite der Knie reiben. Um einem Absinken des Testosteronspiegels entgegenzuwirken, bearbeiten Sie Ma 36, der die Hormone im Gleichgewicht hält und Energie mobilisiert. Bei Haarausfall empfehlen sich sanfte Kopfmassagen und die Stimulierung des Nierenmeridians.

Bei Kniebeschwerden setzen Sie immer die Behandlung gegen Knieschmerzen ein, um den Energiefluss in dieser Region zu stimulieren. Reiben Sie auch die Innenseite des Knies, eine Yin-Region, zu der Le 8 gehört. Das mobilisiert die beruhigende Yin-Energie und reduziert die überschüssige Yang-Energie bei aggressiven und gestressten Männern.

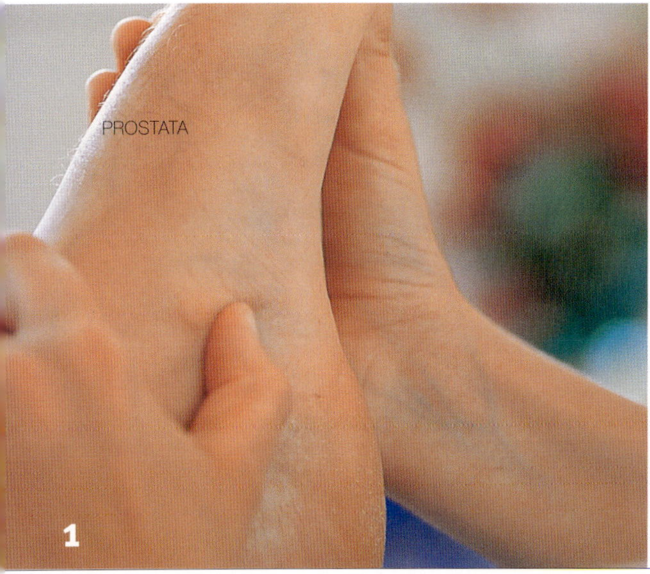

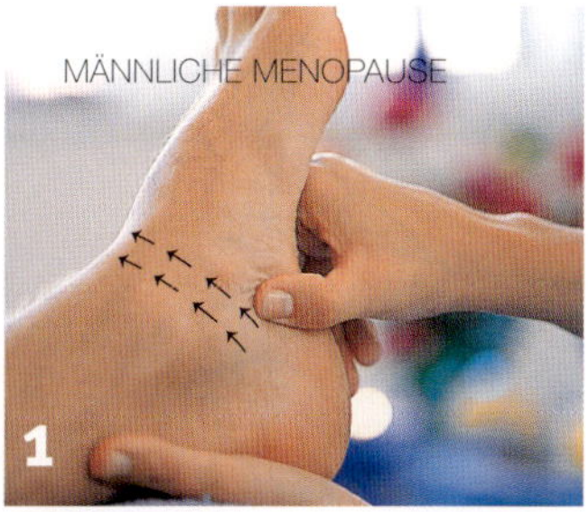

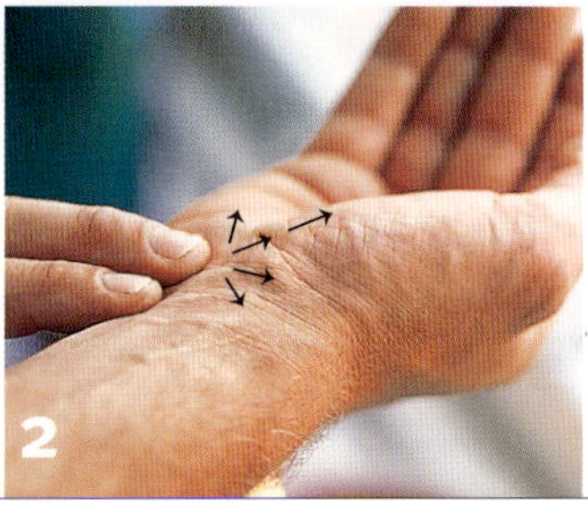

Glossar

ALEXANDERTECHNIK
Eine Haltungsschulung, die auf die Entdeckung der natürlichen Haltung und den schonenden Umgang mit dem Körper abzielt. Sie hilft bei stressbedingten Beschwerden, Atemproblemen und Nacken- und Gelenkschmerzen.

CHAKRAS
Das Sanskritwort bedeutet „Rad" und steht für Energiezentren, von denen es laut indischer Medizinlehre sieben im Körper gibt: In der Kreuzbeinregion, im Bauch, am Solarplexus, am Herz, in der Kehle, zwischen den Brauen und am Scheitelpunkt des Kopfes.

CHI
Laut chinesischer Medizinlehre wird chi, also Lebensenergie, durch die Meridiane in alle Körperteile geführt.

FELDENKRAIS
Eine bewährte Methode zur Schulung der Körperwahrnehmung durch sanfte Bewegungen ohne Anstrengung. Sie kann sowohl Stress als auch chronische Schmerzen lindern und dabei auch zur Verbesserung der Haltung beitragen.

HOMÖOSTASE
Der Organismus aller Lebewesen strebt nach einem Fließgleichgewicht, obwohl sich die äußeren und inneren Bedingungen ständig ändern. Die Mechanismen der Homöostase halten die Auswirkungen dieser Veränderungen gering. Bei gestörtem Gleichgewicht entsteht Krankheit.

MERIDIANE
Die chinesische Medizin geht davon aus, dass chi in den Meridianen durch den Körper fließt. Es gibt 14 Hauptmeridiane, zwölf davon stehen mit einem Organ in Verbindung und beeinflussen dieses. Eines ist das Lenkergefäß, das an der Wirbelsäule nach oben und über den Kopf verläuft. Das andere ist das Konzeptionsgefäß, das in der Mitte der Körpervorderseite nach oben verläuft.

MOXIBUSTION
Bei dieser Technik werden Kräuter (Beifuß) auf bestimmten Akupressurpunkten verbrannt, um diese durch Hitze zu stimulieren.

DREIFACHER ERWÄRMER
Der Name dieses Meridians bezieht sich auf die drei Körperhöhlen Brust, Bauch und Unterleib.

PLACEBO
Medikament, das aus psychologischen Gründen verschrieben wird, aber keine physiologische Wirkung hat. Placebos werden in wissenschaftlichen Versuchen zur Kontrolle verwendet.

YANG
In der chinesischen Philosophie das männliche Prinzip, das Positivität, Aktivität, Hitze, Licht, Kraft, Tag und Sommer repräsentiert.

YIN
In der chinesischen Philosophie das weibliche Prinzip, das Negativität, Passivität, Kälte, Dunkelheit, Stille, Nacht und Winter repräsentiert.

Nützliche Adressen

Weitere Informationen zur Reflexzonentherapie (Head'sche Zonen) mit Hilfe von Kältereizen oder Massage unter www.therapeuten.de.

Zu den Reflexzonen am Ohr finden Sie Informationen unter www.reflex-zonen.de.
Die Druckmassagetechniken Akupressur und Shiatsu werden unter www.meine-gesundheit.de www.methode.de und www.gesundheit.com vorgestellt.

Auf der Homepage des Heilpraktikerverbands unter www.heilpraktikerverband.de bekommen Sie Informationen über Ausbildung, Weiterbildung und ein Therapeutenverzeichnis.
Informationen zum Thema Komplementärmedizin finden Sie bei einer Informationsplattform. Hier können Sie Seminare buchen und sich Ihren persönlichen Komplementärmediziner/in aussuchen.
Informationsplattform Komplementärmedizin:
www.komplemed.at
A-2372 Gießhübl, Postfach
Telefon: 0664/9973683
E-Mail allgemein: komplemed@mag-ad.at
E-Mail für fachliche Information:
walter.glueck@surfeu.at

Berichte aus Wissenschaft und Forschung zum Thema Komplementärmedizin finden Sie unter www.carstens-stiftung.de
Die Stiftung fördert fachlich übergreifend die Forschung zur Naturheilkunde und Komplementärmedizin ohne auf eine einzelne Methode Bezug zu nehmen.

Register

Bildquellen

Redaktion: Jane McIntosh, Camilla James
Lektorat: Casey Horton
Beratende Therapeuten:
B.K. Heather
Sara Mokone
Therapeuten in Abbildungen:
Nikki Corrigan
Sara Mokone
Modelle: Susan Alston
Maria Rodreguez
Stylistin: Leeann Mackenzie
Bildredaktion: Zoë Holtermann
Projektkoordination: Lucy Woodhead
Register: Hilary Flenley
Layout: Keith Martin, Ruth Hope
Fotos: Ian Wallace
Illustratoren: Peter Gerrish
Annabel Milne (Seiten 6–7)

Der Verlag bedankt sich für die freundliche Genehmigung zum Abdruck der vorliegenden Bilder bei:

Octopus Publishing Group Ltd/Ian Wallace

und:
Bridgeman Art Library, London, New York/Freud Museum, London, GB 22, /National Museum of India, New Delhi, Indien 18 Corbis UK Ltd/Dean Conger 20, /Owen Franken 21 The Art Archive 19 London Library/From the 'Golden Mirror' 11 u., From: 'Ling Shu Su Wen Chieh' 10, /From: 'Ling Shu Su Wen Chieh' Yee 11 o., Foto von Paolo Scremin/ © Oxford Expedition To Egypt 23 Wellcome Institute Library, London 15, Werner Forman Archive/Haiphong Museum, Vietnam 12